우리가 꼭 알아야 할 법 이야기

법·알·못 어린이를 위한

우리가 꼭 알아야 할 법 이야기

지은이 신주영
펴낸이 정규도
펴낸곳 (주)다락원

초판 1쇄 발행 2022년 4월 20일
     3쇄 발행 2023년 4월 3일

편집총괄 최운선
책임편집 김유리, 김가람
디자인 지완
일러스트 김영진

🎓 다락원 경기도 파주시 문발로 211
내용문의 (02) 736-2031 내선 277
구입문의 (02) 736-2031 내선 250~252
Fax (02) 732-2037

출판등록 1977년 9월 16일 제406-2008-000007호

Copyright © 2022, 신주영

저자 및 출판사의 허락 없이 이 책의 일부 또는 전부를 무단 복제·전재·발췌할 수 없습니다. 구입 후 철회는 회사 내규에 부합하는 경우에 가능하므로 구입문의처에 문의하시기 바랍니다. 분실·파손 등에 따른 소비자 피해에 대해서는 공정거래위원회에서 고시한 소비자 분쟁 해결 기준에 따라 보상 가능합니다. 잘못된 책은 바꿔 드립니다.

값 13,000원
ISBN 978-89-277-4776-5 (73360)

---

http://www.darakwon.co.kr
다락원 홈페이지를 통해 인터넷 주문을 하시면 자세한 정보와 함께 다양한 혜택을 받으실 수 있습니다.

법·알·못 어린이를 위한

변호사 선생님의 일상생활 속 생생한 법 교실

우리가 꼭 알아야 할 법 이야기

신주영 지음 · 김영진 그림

다락원

여는 글

낯선 곳으로 여행하는 것처럼

 이 책은 제목처럼 법을 전혀 알지 못하는 어린이들을 위한, 우리들이 꼭 알아야 할 법 이야기를 담고 있어요.

우리는 모두 태어나자마자 법의 테두리 안에서 살게 돼요. 부모님은 여러분이 태어났을 때 가족 관계에 관한 법에 따라 출생 신고를 했을 거고, 여러분은 교육에 관한 법에 따라 정해진 나이에 초등학교에 입학했을 거예요. 그뿐인가요? 아빠가 회사에 출근하시는 것, 우리가 학교에 가면 정해진 시간에 선생님을 만날 수 있는 것, 심지어는 매일 다니는 도로가 설치된 것, 학교에서 급식을 먹는 것, 하굣길에 친구들과 들르는 분식집이 영업하는 것조차도 법과 관계가 있어요. 하지만 여러분은 그게 법과 상관이 있는 줄은 몰랐을 거예요. 이처럼 우리가 알지 못하고, 우리 눈에 보이지 않아도 법은 공기처럼 우리 생활 한 가운데 존재하며 일상을 질서 있게 살게 해 줘요.

하지만 아는 것만큼 보이는 법! 법이 무엇인지 알지 못한다면, 주변에 일어나는 일들이 법과 도대체 어떤 관계가 있는지 거의 발견하지 못할 거예요. 그래서 이 책을 통해 여러분이 일상 속에서 법을 발견하는 눈을 뜰 수 있게 도와주려고 해요.

법이 추구하는 것은 정의예요.

사람들 사이에 다툼이 생겼을 때 "법대로 하자!"거나 "공정한 해결을 바란다."는 말을 들어 보았을 거예요. 법, 공정, 정의는 다툼을 해결해 주는 힘이 있기 때문이죠.

그런데 정의는 어디서 발견할 수 있을까요?

이 책에서 다루는 법 이야기를 읽다 보면, 누군가 법을 어기거나 또는 누군가 억울한 일을 당하는 걸 보며 여러분은 자신도 모르게 뭔가 마음 한편이 체한 듯 불편한 느낌을 받을 거예요. 그리고 나쁜 행동은 처벌받고, 억울한 피해는 어떻게든 회복되기를 바라면서 이야기를 끝까지 읽어 볼 테고요. '정의'는 이렇게 우리 마음속에 균형 감각으로 자리 잡고 있기도 해요. 법.알.못 어린이들이라도 이 책을 재미있게 읽을 수 있는 이유예요.

 ### 책은 세상을 담고 있고, 세상은 책과 같아요.

책을 읽는다는 것, 특히 전혀 모르는 생소한 법 이야기를 읽는 것은 낯선 곳을 여행하는 것과 같죠. 하지만 낯선 곳일수록, 새로운 발견은 우리를 더 즐겁게 하고, 그 여행은 우리를 더욱 성장하게 하지요. 낯선 법 이야기 속에서 내 안에 있는 정의에 대한 감각을 예민하게 느껴 보는 시간이 되기를 바라요.

글쓴이 신주영

차례

들어가기

우리가 꼭 알아야 할 기본 법 지식 10가지 ⋯ 12

제 1장 우리가 꼭 지켜야 할 법

① 우연히 주운 물건, 내가 가져도 될까? 유실물법, 점유이탈물횡령죄 ⋯ 26

② 입장 바꿔 생각 좀 해 봐! 명예훼손죄 ⋯ 32

③ 한순간의 장난으로 범죄자가 될 수 있다?! 경범죄처벌법, 과실치사상죄 ⋯ 40

④ 도움이 필요한 사람, 그냥 지나쳐도 될까? 유기죄, 착한사마리안법 ⋯ 48

⑤ '법 세상'에 나쁜 개는 없다. 동물보호법, 과실치사상죄 ⋯ 56

⑥ 동물은 물건이 아니야. 동물보호법 위반 ⋯ 62

⑦ 어느 날 갑자기 내 사진이 인터넷에? 카메라 등 이용촬영죄 ⋯ 68

⑧ 유튜버가 되고 싶었을 뿐인데 범죄자라니?! 저작권법 위반 ⋯ 74

⑨ 타인의 자유, 나의 자유만큼 중요하다. 강요죄 ⋯ 80

⑩ 학교 폭력의 수렁에 빠진 아이들 학교 폭력 ⋯ 86

제 2장 우리를 지켜 주는 법

- ⑪ 법 세상, 모든 일은 계약으로 통한다. 계약과 민법 ⋯ 96
- ⑫ 아이돌 스타 계약의 속사정 공정 거래 위원회 표준 계약 ⋯ 102
- ⑬ 이건 내가 원하던 그 물건이 아니라고! 소비자기본법 ⋯ 110
- ⑭ 하트 풍선을 너무 많이 보냈어요. 미성년자 법률 행위와 취소 ⋯ 116
- ⑮ 어른들이 미안해. 아동학대 ⋯ 122
- ⑯ 사랑의 매, 정말 사랑이 맞을까? 폭행과 협박 ⋯ 128
- ⑰ 자신의 정체를 밝히지 않는 사람, 믿을 수 있을까? 온라인 성범죄 ⋯ 134
- ⑱ 김밥 먹고 탈이 나면 누가 책임질까? 식품위생법 ⋯ 140
- ⑲ 법이 사라질 수도 있다고? 셧다운제 폐지와 헌법 소원 ⋯ 146
- ⑳ 지구 온난화, 우리가 할 수 있는 일이 있다면! 환경법, 국제법 ⋯ 152

도움이 필요할 때 참고하세요! ⋯ 160

활용 방법

이 책은 이렇게 활용해 보세요!

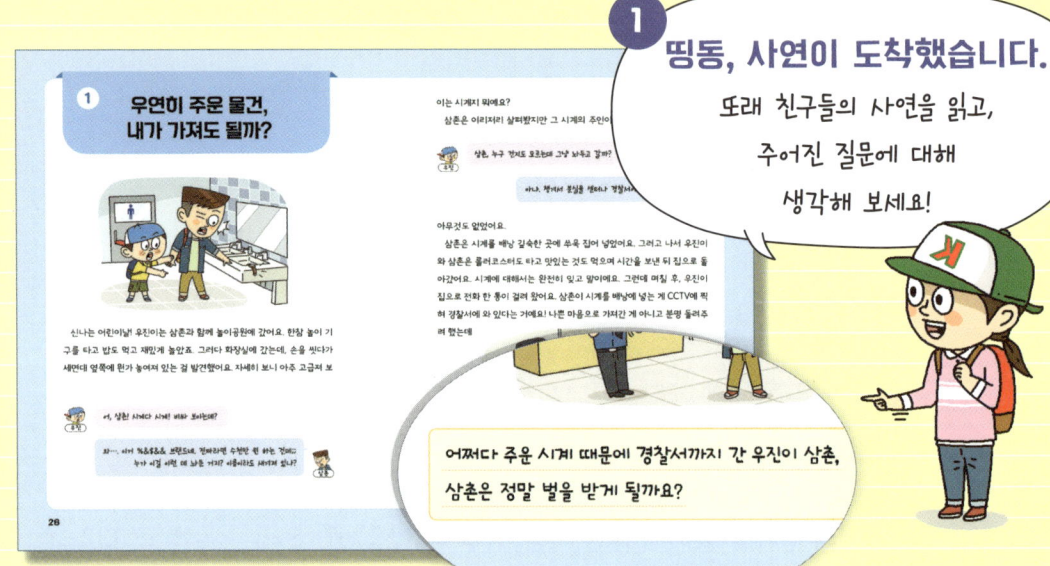

1 띵동, 사연이 도착했습니다.
또래 친구들의 사연을 읽고,
주어진 질문에 대해
생각해 보세요!

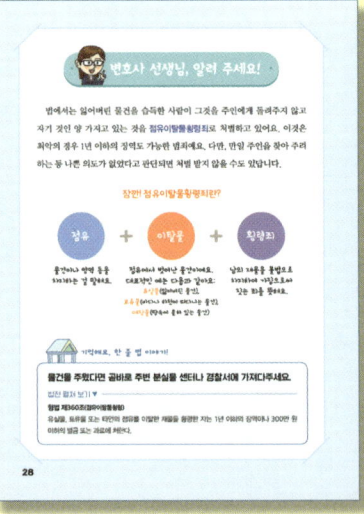

2 변호사 선생님의 답변 도착!
선생님이 알려 주시는 법 지식을
머리에 차곡차곡 넣어 보아요.

❸ 참고하자, 실제 사례!

실제로 이런 일이 있었을까?
그때 법원에서는 어떤 판결을 내렸을까?
실제 사례를 엿볼 수 있어요!

❹ 아직 더, 더, 더! 배우고 싶다면?

여러분이 궁금해 할 만한 내용을 추가적으로 넣었어요! 여기까지 읽으면
법.알.못 어린이에서 법.잘.알 어린이가 될 수 있어요!

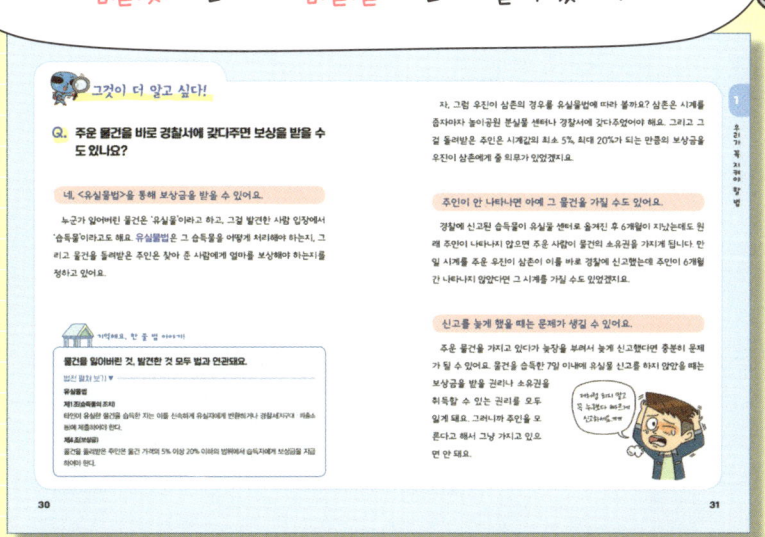

들어가기

뉴스에서, 인터넷 기사에서, 우리의 생활 속에서 자주 들리는 단어!
법. 법. 법!
그런데, 도대체 법이 뭐냐고요?
법은 우리 사회를 지탱해 주는 뿌리예요.
우리가 반드시 지켜야 하는 것이자, 동시에 우리를 보호해 주어요.
어려워 보이지만, 이제부터 변호사 선생님이 쉽~게 알려 줄 거예요.
그럼 **우리가 꼭 알아야 할 기본 법 지식 10가지**부터 한번 알아볼까요?

우리가 꼭 알아야 할
기본 법 지식 10가지

 하나. 자연법칙 VS 사회 규범

봄이 가면 여름이 오고, 여름이 지나면 가을과 겨울이 오는 것은 지구가 태양의 주위를 돌면서 공전하기 때문이에요. 사과가 땅으로 떨어지는 것, 물이 위에서 아래로 흐르는 것은 중력 때문이고요. 계절이 바뀌고 사과가 땅으로 떨어지는 것, 또 물이 아래로 흐르는 건 눈에 보이는 자연 현상이에요. 자연 현상은 지구 공전의 법칙, 중력의 법칙과 같은 **자연법칙**에 따라 언제나 일정하게 반복돼요. 이런 자연법칙이 있어서 우주는 질서 안에 존재할 수 있고, 지구에 사는 생명체들은 자연 현상을 예측하고 적응해 나갈 수 있어요.

마찬가지로 사람들이 모여 사는 공동체 사회가 질서 안에 존재하려면 어떤 법칙이 필요해요. 그런 법칙을 **사회 규범**이라고 해요. 사회 규범으로는 **도덕, 관습, 그리고 법**이 있어요. 모두 공동체 사회를 질서 있게 유지하려는 사람들의 지혜로 만들어진 거예요. 이런 사회 규범 덕분에 사람들은 서로 어울리며 자신의 삶을 계획하고 사회에 적응해 나갈 수 있어요.

그런데 사회의 질서는 자연의 질서처럼 100% 주어진 것이 아니에요. 어느 정도 인간이 만들어 가는 것이지요. 그래서 언제 어디서나 똑같은 모습으로 나타나는 자연법칙과 달리, 사회 규범은 시대와 장소에 따라 다른 모습으로 나타나요.

 둘. 시대와 장소에 따라 달라지는 법

　사회 규범 중에서도 도덕과 관습은 오랜 세월에 걸쳐 저절로 형성된 것이에요. 그런데 **법**은 국가 권력이 생겨난 후 **국가의 질서를 유지하기 위해 만든 수단**이에요. 그래서 국가에 따라 여러 가지의 다른 모습을 갖고 있어요.

　예를 들어 볼게요. 최초의 성문법❶으로 알려진 함무라비 법전은 '눈에는 눈, 이에는 이'라는 원칙으로 유명해요. 함무라비는 고대 바빌로니아의 왕으로, 메소포타미아 고대 국가들을 모두 정복했어요. 전쟁을 통해 노예도 많이 얻게 되고 다른 나라의 백성들까지 다스리게 된 거죠. 그래서 사회의 질서를 유지하기 위해 강력한 수단이 필요했어요. 함무라비 왕은 그 수단이 바로 법이라고 생각했어요. 지금까지 전해져 내려오는 함무라비 법전의 내용으로는

---

❶ **성문법** 문자로 적어 표현되고, 문서의 형식을 갖춘 법.

"자유인의 뺨을 때린 노예는 그 귀를 자른다.", "자유인의 눈을 상하게 한 자는 그 눈을 상하게 한다." 등이 있어요. 보복하는 방식으로 사람들의 행동을 통제했던 것이지요.

하지만 당시에 지켜졌던 이 법을 현대 사회에 적용하려 하면 아무도 동의하지 않을 거예요. 현대 민주주의 국가에서는 사회 질서 유지뿐 아니라 인권❷과 사회 구성원의 복지에 대한 보장 또한 국가의 역할이 되었기 때문이지요. 그런데 현대에도 어떤 국가에서는 종교적인 이유로 신분 제도가 유지되고 있거나, 여성을 차별하는 법들이 여전히 시행되고 있기도 해요.

❷ 인권 인간이라면 누구나 태어날 때부터 가지는 권리.

셋. 국가 최고의 법, 헌법

　법은 원래 통치자가 만드는 것이었어요.
　고대 바빌로니아 왕국에서 함무라비 왕이 법을 만들었던 것처럼요.
　그럼 왕이 없는 지금, 우리나라의 통치자는 누구이며 법은 누가 만드는 걸까요?
　누가 통치자인지, 또 법은 누가 만드는지를 알려 주는 법이 따로 있어요. 바로 **헌법**이에요. 헌법은 한 나라의 국가 권력이 어떻게 조직되고, 어떤 가치를 국민의 기본권으로 보장해 주는지를 정하고 있는 **그 나라 최고의 법**이에요. 우리나라 헌법 제1조 제1항은 '대한민국은 민주 공화국이다.'라고 선언해요. 여기서 '민주'는 '국민이 주인'이라는 뜻이고, '공화국'은 '왕이 아니라 국민이 다스리는 나라'라는 뜻이에요. 그러니까 민주 공화국에서는 국민이 곧 통치자인 셈이죠. 대통령은 국민의 대표인 거고요.

 ### 넷. 법을 만드는 곳, 국회

　대통령만이 국민의 대표인 건 아니에요. 국민의 대표들이 모인 곳이 또 있어요. 바로 **국회**입니다. 국민들은 전국 각 지역에서 직접 선거로 **국회 의원**을 뽑아요. 뽑힌 국회 의원들은 국회에 모여 정책을 토의하고 중요한 정책을 시행하기 위한 법을 만들어요. 함무라비 왕이 백성들을 통제하기 위해 함무라비 법전을 만들었던 것처럼 국회 의원들은 국민의 대표로서 법안을 토의하고

법을 만드는 거예요.

　민주 공화국인 대한민국에서는 국민이 주인이고 통치자예요. 하지만 모든 국민이 통치하는 건 실제로 불가능해요. 그래서 이처럼 대표를 뽑아 통치하도록 하는데, 이런 걸 **간접 민주주의** 또는 **대의제 민주주의**라고 해요.

 다섯. 직접 민주주의 vs 간접 민주주의

　민주주의의 기원은 고대 그리스의 아테네 도시 국가에서 시작된 것으로 보고 있어요. 그리스 아테네에서는 시민권을 가진 남자들 모두가 모여 중요한 정책을 토의하고 투표로 의사 결정을 했어요. 그 방식을 **직접 민주주의**라고 해요. 하지만 지금은 모든 국민이 다 함께 모여 중요한 정책을 정하는 게 불가능해요. 그 대신 선거를 통해 자신의 생각을 대변해 줄 대표를 뽑음으로써 간접적으로 통치권을 행사하지요. 이게 **간접 민주주의**예요.

　민주주의 국가에서는 국민의 정치적 기본권으로 참정권[3]을 반드시 보장하고 있어요. 참정권에는 대표를 뽑을 수 있는 선거권과 헌법이 정하는 중요한 결정에 대한 투표권, 그리고 직접 국민의 대표나 공무원이 될 수 있는 공무 담임권[4]이 있어요.

헌법 제24조 모든 국민은 법률이 정하는 바에 의하여 선거권을 가진다.
헌법 제25조 모든 국민은 법률이 정하는 바에 의하여 공무 담임권을 가진다.
헌법 제72조 대통령은 필요하다고 인정할 때에는 외교·국방·통일 기타 국가 안위에 관한 중요 정책을 국민 투표에 붙일 수 있다.

여섯. 민주주의 국가의 통치 원리, 법치주의

　민주주의 국가에서는 국민이 주인으로서 대표를 뽑아 국가를 다스려요.

---

[3] **참정권** 정치에 참여할 수 있는 기본권.
[4] **공무 담임권** 국민이 국가나 지방 자치 단체 기관의 구성원이 되어 공무(국가나 공공 단체의 일)를 담당할 수 있는 권리.

즉, 국민이 국가 권력을 가지고 있는 거예요. 이것을 헌법 제1조 제2항에서는 이렇게 표현하고 있어요.

헌법 제1조 제2항 대한민국의 주권⑤은 국민에게 있고, 모든 권력은 국민으로부터 나온다.

헌법은 국가 기관이 어떤 권한을 가지는지, 그 권력을 어떻게 행사하는지를 정하고 있어요. 국회, 대통령도 바로 그런 국가 기관 중 하나예요. 이렇게 국가 기관의 구성과 권한, 그리고 행사 방법을 법으로 정해 나라를 통치하는 방식을 **법치주의**라고 해요. 한마디로 '**민주주의 국가에서 법이란 주권자인 국민이 나라를 통치하는 수단이다.**'라고 할 수 있겠지요.

일곱. 권력 분립의 원칙

민주주의 국가에서는 통치 수단으로 법치주의 원리를 따라요. 그런데 권력을 행사하는 통치권을 한 사람 또는 하나의 단체만이 가질 경우 그 권력이 함부로 쓰일 가능성이 있어요. 그래서 국가 권력을 한곳에 집중시키지 않고 셋으로 나누었어요. 그래야 서로 견제하고 균형을 맞출 수 있으니까요. 법을 만드는

⑤ **주권** 나라의 주인으로서의 권리. 국가의 의사를 최종적으로 결정할 수 있는 최고·독립·절대의 권력.

입법권, 법을 집행하는 **행정권**, 그리고 법을 해석 및 적용하는 **사법권**이 바로 그 세 가지예요. 헌법은 그 세 가지 권력이 각각 **국회·정부·법원**에 속한다고 말해요. 그리고 우리는 이것을 **권력 분립** 또는 **삼권 분립의 원칙**이라고 해요.

헌법 제40조 입법권은 국회에 속한다.
헌법 제66조 제4항 행정권은 대통령을 수반으로 하는 정부에 속한다.
헌법 제101조 제1항 사법권은 법관으로 구성된 법원에 속한다.

 여덟. 법을 집행하는 곳, 정부

법을 만드는 곳을 **국회**라고 했지요? 여기서 만든 법을 특히 **법률**이라고 합

19

니다. 법의 종류로는 그 효력이 강한 순서로 최고의 법인 헌법부터 법률, 명령, 조례❻, 그리고 규칙이 있어요. 명령과 조례 그리고 규칙은 국회 외의 다른 국가 기관에서 법률을 집행하기 위해 만드는 하위법이에요.

  예를 들어 볼게요. 국회에서 동물을 보호하자는 취지로 '동물보호법'을 만들었다면 국가 기관인 농림축산식품부에서는 그 법률을 구체적으로 시행하기 위한 '동물보호법 시행령'을 만들어요. 이 시행령이 바로 법률을 집행하기 위한 **명령**이에요. 그리고 시행령을 만드는 농림축산식품부 같은 국가 기관을 **정부**라고 해요. 그러니까 정부에서 어떤 일을 할 때는 반드시 법률에 근거를 두어야 해요.

 아홉. 법을 해석하고 적용하는 곳, 법원

  누군가가 어떤 범죄를 저질러 재판★을 받고 실형★을 선고받았다는 이야기를 들어 본 적 있나요? 또는 음식에서 벌레가 나온 식당을 상대로 손해 배상 청구 소송★을 제기했다는 뉴스를 본 적 있나요? 하다못해 어느 고을 원님이

---

❻ **조례**: 지방 자치 단체가 만드는 법규.

꼭 알아 두기

★ **재판** 소송 사건을 해결하기 위해 법관이 판단을 내리는 일.
★ **실형** 형사 재판에서 징역형을 선고받으며 실제로 형벌을 받는 것.
★ **손해 배상 청구 소송** 누군가 손해를 입었을 때, 손해 발생에 대해 책임이 있는 사람 또는 단체에 배상(손해를 물어 줌)을 구하기 위해 법원에 판단을 구하는 것을 '손해 배상 청구 소송을 제기했다'고 함.

20

재판을 통해 잘못한 사람에게 벌을 주고, 당한 사람의 억울함을 풀어 주었다는 옛날이야기는 들어 봤을 거예요. 이렇게 뉴스나 이야기 속에서 보는 것처럼, 어떤 사건에 법을 적용해서 재판하는 권력을 **사법권**이라고 해요. 재판을 담당하는 곳인 **법원**은 법을 위반한 행위나 결과를 확인하고 그에 대한 처벌이나 효과를 결정해요. 즉, 법이 제대로 작동하게 하는 거예요.

예를 들어 누군가가 "어떤 식당이 식품위생법을 위반했다."며 식당을 고발★할 수 있어요. 그럴 때 경찰과 검찰★은 근거를 찾기 위한 수사를 시작해요. 범죄의 가능성이 있다고 판단되면 검사★가 법원에 공소 제기★를 합니다. 공소가 제기된 이후부터 범죄 가능성이 있는 식당 주인은 피고인★이라고 불리게 돼요. 그리고 법원에서는 이에 대한 재판을 시작해요. 판사★는 검찰이 수집한 증거를 조사하고 피해자와 피고인의 주장을 들어 정확한 사실을 확인합니다. 그리고 피고인의 행위가 법을 위반한 것이라는 게 확인되면 법 조항을 적용해서 "피고인을 징역★ ○○년에 처한다." 또는 "벌금 ○○○원에 처한다." 등의 판결을 내립니다. 그리고 이 판결 내용은 형벌★권을 실행하는 경찰 등 국가 기관이 집행하게 돼요. 이렇게 법이 실제로 강제력을 갖게 되고, 법을 위반한 사람은 그 책임을 지게 되지요.

> **꼭 알아 두기**
>
> ★ **고발** 피해자 아닌 자가 수사 기관에 범죄 혐의가 있다고 생각되는 사람을 수사해 달라고 신고하는 것. 피해자가 수사해 달라고 신고하는 것은 '고소'라고 함.
> ★ **검찰** 중앙 행정 기관의 하나로서 범죄에 대한 수사권과 공소를 제기하는 권한을 가진 검사와 행정 사무 직원들로 구성된 기관.
> ★ **검사** 범죄를 수사하고 공소를 제기하며 재판을 집행하는 사람.
> ★ **공소 제기** 검사가 범죄 사건에 대해 법원에 재판을 요청하는 것.
> ★ **피고인** 검사에 의하여 누군가에게 피해를 입힌 자로 공소 제기를 받은 사람.
> ★ **판사** 법에 따라 주어진 사건에 대한 총체적인 판단을 하는 사람.
> ★ **징역** 죄인을 교도소에 가두어 노동을 시키는 벌.
> ★ **형벌** 국가 등이 범죄자에게 벌을 주는 것.
> ★ **헌법 소원** 법률이나 국가 권력에 의해 기본권을 침해당한 국민이 법률이나 처분을 무효로 해 달라고 헌법 재판소에 요청하는 것.

열. 악법을 해결하는 곳, 헌법재판소

법치주의가 제대로 작동한다면 사회 질서가 유지되고 정의가 실현될 수 있어요. 그런데 법 자체가 정의롭지 못하다면 어떻게 될까요?

실제로 역사상 법이 정의롭지 않은 내용을 담고 있었던 적이 종종 있었어요. 유명한 예로 1930~1940년대 독일의 나치당 시절, 히틀러는 많은 유대인을 아우슈비츠 수용소로 보내 강제 노동을 시키거나 학살했어요. 이런 끔찍한 일이 그 당시 독일의 헌법과 법률에 따라 이루어진 것이었다면 믿어지나요? 히틀러는 당시 '제국시민법'을 만들어서 유대인의 독일 시민권을 박탈했어요. 또 '독일 혈통 및 명예보존법'을 만들어 유대인과 독일계 혈통 간의 결혼을 금지했어요. 만일 이런 법이 지금 우리나라에 있다면 헌법을 위반한 이유로 무효가 돼요. 헌법이 보장하고 있는 인간의 존엄과 가치, 신체의 자유, 평등권 등 인권을 침해했으니까요. 이렇게 어떤 법률의 내용이 헌법에 위반되는지 여부를 판단하는 기관이 바로 헌법재판소예요. 헌법재판소에 헌법 소원★을 제기하면 그 법률이 헌법에 어긋났는지 아닌지를 판단해 준답니다. 그러니 헌법을 위반하는 악법이 있다면 헌법재판소에서 해결할 수 있겠지요.

여기까지 우리가 꼭 알아야 할 기본 법 지식 10가지를 공부해 봤어요.
어때요? 머릿속에 쏙쏙 들어오지 않나요? 이제 법에 대한 기본 지식을 바탕으로 일상생활 속 우리가 직접적으로 혹은 간접적으로 경험할 수 있는 법에 대해 알아볼 거예요. 우리가 꼭 지켜야 할 법, 그리고 우리를 지켜 주는 법!
알아볼 준비가 되었다면 우리 같이 출발해 보아요!

유실물법, 점유이탈물횡령죄

명예훼손죄

경범죄처벌법, 과실치사상죄

유기죄, 착한사마리안법

동물보호법, 과실치사상죄

동물보호법 위반

카메라 등 이용촬영죄

저작권법 위반

강요죄

학교 폭력

우리가 꼭 지켜야 할 법

① 우연히 주운 물건, 내가 가져도 될까?

신나는 어린이날! 우진이는 삼촌과 함께 놀이공원에 갔어요. 한참 놀이 기구를 타고 밥도 먹고 재밌게 놀았죠. 그러다 화장실에 갔는데, 손을 씻다가 세면대 옆쪽에 뭔가 놓여져 있는 걸 발견했어요. 자세히 보니 아주 고급져 보이는 시계지 뭐예요?

우진: 어, 삼촌! 시계다 시계! 비싸 보이는데?

삼촌: 와…. 이거 %&$&& 브랜드네. 진짜라면 수천만 원 하는 건데;; 누가 이걸 이런 데 놔둔 거지? 이름이라도 새겨져 있나?

삼촌은 이리저리 살펴봤지만 그 시계의 주인이 누군지 알 수 있는 단서는 아무것도 없었어요.

 삼촌, 누구 건지도 모르는데 그냥 놔두고 갈까?

아냐. 챙겨서 분실물 센터나 경찰서에 갖다주자.

삼촌은 시계를 배낭 깊숙한 곳에 쑤욱 집어 넣었어요. 그러고 나서 우진이와 삼촌은 롤러코스터도 타고 맛있는 것도 먹으며 시간을 보낸 뒤 집으로 돌아갔어요. 시계에 대해서는 완전히 잊고 말이에요. 그런데 며칠 후, 우진이 집으로 전화 한 통이 걸려 왔어요. 삼촌이 시계를 배낭에 넣는 게 CCTV에 찍혀 경찰서에 와 있다는 거예요! 나쁜 마음으로 가져간 게 아니고 분명 돌려주려 했는데, 삼촌은 이제 어떻게 되는 거죠?

어쩌다 주운 시계 때문에 경찰서까지 간 우진이 삼촌, 삼촌은 정말 벌을 받게 될까요?

 **변호사 선생님, 알려 주세요!**

    법에서는 잃어버린 물건을 습득한 사람이 그것을 주인에게 돌려주지 않고 자기 것인 양 가지고 있는 것을 **점유이탈물횡령죄**로 처벌하고 있어요. 이것은 최악의 경우 1년 이하의 징역도 가능한 범죄예요. 다만, 만일 주인을 찾아 주려 하는 등 나쁜 의도가 없었다고 판단되면 처벌받지 않을 수도 있답니다.

잠깐! 점유이탈물횡령죄란?

- **점유**: 물건이나 영역 등을 차지하는 걸 말해요.
- **이탈물**: 점유에서 벗어난 물건이에요. 대표적인 예는 다음과 같아요:
  - 유실물(잃어버린 물건),
  - 표류물(바다나 하천에 떠다니는 물건),
  - 매장물(땅속에 묻혀 있는 물건)
- **횡령죄**: 남의 재물을 불법으로 차지하여 가짐으로써 짓는 죄를 뜻해요.

 **기억해요, 한 줄 법 이야기!**

물건을 주웠다면 곧바로 주변 분실물 센터나 경찰서에 가져다주세요.

법전 펼쳐 보기 ▼

형법 제360조(점유이탈물횡령)
유실물, 표류물 또는 타인의 점유를 이탈한 재물을 횡령한 자는 1년 이하의 징역이나 300만 원 이하의 벌금 또는 과료에 처한다.

참고해요, 실제 사례!

2021년 2월, 양심 씨(가명)는 중고 거래 앱에서 화장대를 샀어요. 그 후 집에 가져와 화장대를 청소하던 중 잘 닫히지 않는 서랍이 있는 것을 발견했어요. 그래서 안쪽을 살펴보던 양심 씨는 너무 놀랐어요. 그 안에 현금과 수표 600만 원이 들어 있는 상자가 있었던 거예요. 양심 씨는 바로 경찰서에 가서 이를 신고했어요. 그리고 경찰의 도움을 받아 돈을 원래 주인인 얼떨 씨(가명)에게 전달했어요. 얼떨 씨는 화장대가 돌아가신 어머니가 사용하시던 물건이라고 말했어요. 어머니가 아무 말없이 화장대 구석에 돈을 보관해 가족들도 그 존재를 몰랐던 거예요.

만일 양심 씨가 이 돈을 그냥 가졌다가 자칫 얼떨 씨 가족이 돈의 존재를 알게 돼 찾으러 오기라도 했다면 점유이탈물횡령죄로 처벌받았을 거예요. 하지만 양심 씨는 그러지 않고 바로 신고했기 때문에 120만 원의 보상금도 받을 수 있었답니다.

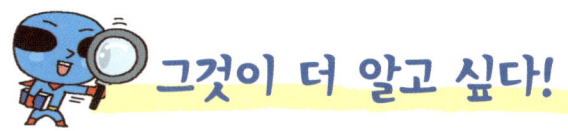 **그것이 더 알고 싶다!**

Q. 주운 물건을 바로 경찰서에 갖다주면 보상을 받을 수도 있나요?

네, <유실물법>을 통해 보상금을 받을 수 있어요.

누군가 잃어버린 물건은 '유실물'이라고 하고, 그걸 발견한 사람 입장에서 '습득물'이라고도 해요. **유실물법**은 그 습득물을 어떻게 처리해야 하는지, 그리고 물건을 돌려받은 주인은 찾아 준 사람에게 얼마를 보상해야 하는지를 정하고 있어요.

 기억해요, 한 줄 법 이야기!

물건을 잃어버린 것, 발견한 것 모두 법과 연관돼요.

법전 펼쳐 보기 ▼

유실물법

제1조(습득물의 조치)
타인이 유실한 물건을 습득한 자는 이를 신속하게 유실자에게 반환하거나 경찰서(지구대·파출소 등)에 제출하여야 한다.

제4조(보상금)
물건을 돌려받은 주인은 물건 가격의 5% 이상 20% 이하의 범위에서 습득자에게 보상금을 지급하여야 한다.

자, 그럼 우진이 삼촌의 경우를 유실물법에 따라 볼까요? 삼촌은 시계를 줍자마자 놀이공원 분실물 센터나 경찰서에 갖다주었어야 해요. 그리고 그걸 돌려받은 주인은 시계값의 최소 5%, 최대 20%가 되는 만큼의 보상금을 우진이 삼촌에게 줄 의무가 있었겠지요.

주인이 안 나타나면 아예 그 물건을 가질 수도 있어요.

경찰에 신고된 습득물이 유실물 센터로 옮겨진 후 6개월이 지났는데도 원래 주인이 나타나지 않으면 주운 사람이 물건의 소유권을 가지게 됩니다. 만일 시계를 주운 우진이 삼촌이 이를 바로 경찰에 신고했는데 주인이 6개월간 나타나지 않았다면 그 시계를 가질 수도 있었겠지요.

신고를 늦게 했을 때는 문제가 생길 수 있어요.

주운 물건을 가지고 있다가 늦장을 부려서 늦게 신고했다면 충분히 문제가 될 수 있어요. 물건을 습득한 7일 이내에 유실물 신고를 하지 않았을 때는 보상금을 받을 권리나 소유권을 취득할 수 있는 권리를 모두 잃게 돼요. 그러니까 주인을 모른다고 해서 그냥 가지고 있으면 안 돼요.

저처럼 되지 말고 꼭 누구보다 빠르게 신고하세요.ㅠㅠ

2 입장 바꿔 생각 좀 해 봐!

'으, 김연우! 어떻게 네가 나를 이겨!?'

반장 선거가 끝나고, 강욱이는 너무 분했어요. 안 그래도 너무 소심하고 조용한 연우가 마음에 들지 않았는데, 그런 연우가 자신을 제치고 반장이 된 거예요. 강욱이는 당연히 친구도 많고 운동도 잘하는 자기가 반장이 될 거라고 생각했지만, 의외로 조용한 카리스마를 가진 연우가 더 많은 표를 얻었어요. 하지만 강욱이는 도저히 납득되지가 않았어요. 게다가 연우는 1학년 때까지만 해도 오줌싸개로 놀림받던 아이였다고요.

시기와 질투에 눈이 먼 강욱이는 그날 이후 사사건건 연우에게 시비를 걸기 시작했어요. 그러던 어느 날, 연우가 단체 채팅방에 반장으로서 공지 사항을 올렸어요. 그날따라 기분이 안 좋던 강욱이는 어떻게든 연우를 망신시키

고 싶었어요. 그래서 채팅방에 "김연우 나대지 마. 1학년 때 너 오줌싸개였잖아."라고 써 버렸어요. 반 친구들도 그 사실을 알고 연우한테 실망하기를 바랐어요. 그런데 강욱이의 기대와 달리, 친구들은 오히려 강욱이를 비난하기 시작했어요.

> 김연우, 나대지 마. 1학년 때 너 오줌싸개였잖아.
> ㅋㅋ 너희 모르지? 쟤 맨날 오줌 쌌어.
> — 강욱
>
> 은이: 이강욱, 대실망이다.
>
> 진호: 너무 속 보인다. 괜히 반장 떨어져서 그러지?
>
> 아린: 야, 너 빨리 연우한테 사과해;;

강욱이는 친구들이 모두 연우 편을 들자 더 화가 났어요. 그래서 말했어요.
"오줌싸개를 오줌싸개라고 하는 게 뭐! 사실대로 말한 건데 웬 사과?"
그때 강욱이네 반 똑똑이 아린이가 이렇게 말했어요.
"이강욱, 빨리 연우한테 사과해. 이거 **사이버 명예훼손죄**인 거 몰라? 네가 어른이었으면 감옥 갈 수도 있어!"
강욱이는 이해할 수 없었어요. 그냥 창피 한 번 준 건데 죄라니, 도대체 무슨 소리일까요?

단체 채팅방에서 연우에게 창피를 준 강욱이, 아린이의 말처럼 이 행동이 진짜 범죄인가요?

1 우리가 꼭 지켜야 할 법

변호사 선생님, 알려 주세요!

　반 친구들 모두의 앞에서 연우를 창피하게 한 강욱이의 행동, 엄밀히 말하면 범죄라고 할 수 있어요. 연우의 명예를 훼손했기 때문이에요. 형법❶에서 명예훼손죄는 "공연히 '사실'을 적시❷하여 사람의 명예를 훼손한 자는 2년 이하의 징역이나 금고 또는 500만 원 이하의 벌금형에 처한다."라고 정하고 있어요. 그리고 공연히 '사실이 아닌' 내용을 보인 경우는 더 큰 형벌이 정해져 있고요. 그러니까 명예를 훼손하는 발언은 그 내용이 사실이 아닌 경우는 물론 사실이어도 죄로 처벌받는 거예요. 여기서 '공연히'라는 건 많은 사람이 알 수 있는 상

❶ **형법**　범죄와 형벌에 관한 법률 체계. 어떤 행위가 처벌되고 그 처벌은 어느 정도이며 어떤 종류의 것인가를 규정함.
❷ **적시**　지적해서 보여준다는 뜻.

황을 말하는데, 강욱이의 경우도 반 친구들이 모두 있는 단체 채팅방에서 말한 것이니 '공연히' 명예훼손을 했다고 할 수 있지요.

게다가 명예훼손이 인터넷이나 SNS에서 이루어지면 특별법(정보 통신망 이용 촉진 및 정보 보호 등에 관한 법률)이 적용되는데, 이 법에서는 "사람을 비방할 목적으로 정보 통신망을 통하여 공연히 사실을 드러내어 타인의 명예를 훼손한 자는 3년 이하의 징역 또는 3,000만 원 이하의 벌금을 처한다."라고 정하고 있어요. 인터넷 등 사이버 공간에서 이루어지는 명예훼손은 순식간에 퍼질 수 있고 오랫동안 그 흔적이 남기 때문에 피해가 더 심각하기도 해요. 그래서 처벌도 더 강할 수밖에 없는 거예요. 그러니 연우에 대해 강욱이가 한 말이 아무리 사실이라고 해도 사이버 명예훼손죄가 적용되어 큰 벌을 받을 수 있어요.

 기억해요, 한 줄 법 이야기!

남에 대한 험담은 그 내용이 아무리 사실이라도 하지 마세요.

특히 인터넷이나 SNS에 다른 사람에 대한 평가 글을 남길 때는 '내가 그 사람 입장이라면 기분이 어떨까?'라고 백번 생각해야 해요. 의도가 어떻든 한 사람의 잘못 혹은 부끄러운 부분을 다른 사람들 앞에서 들추어내며 헐뜯는 행동은 자칫 명예훼손이 될 수 있어요. 그 사람을 위한 충고라면 그 사람만 들을 수 있도록 하면 충분해요. 그리고 충고는 자기가 하고 싶은 말을 하는 것이 아닌, 진심으로 그 사람을 위한 마음으로 하는 거예요. 만약 내 속이 시원하기 위해 충고하려 한다면 차라리 하지 않는 것이 좋아요. 늘 상대방의 입장에서 한 번 더 생각하여 행동하도록 해요.

 기억해요, 한 줄 법 이야기!

법전 펼쳐 보기 ▼

형법 제307조(명예훼손)
① 공연히 사실을 적시하여 사람의 명예를 훼손한 자는 2년 이하의 징역이나 금고 또는 500만 원 이하의 벌금에 처한다.
② 공연히 허위의 사실을 적시하여 사람의 명예를 훼손한 자는 5년 이하의 징역, 10년 이하의 자격정지 또는 1천만 원 이하의 벌금에 처한다.

정보 통신망 이용 촉진 및 정보 보호 등에 관한 법률 제70조(벌칙)
① 사람을 비방할 목적으로 정보 통신망을 통하여 공공연하게 사실을 드러내어 다른 사람의 명예를 훼손한 자는 3년 이하의 징역 또는 3천만 원 이하의 벌금에 처한다.
② 사람을 비방할 목적으로 정보 통신망을 통하여 공공연하게 거짓의 사실을 드러내어 다른 사람의 명예를 훼손한 자는 7년 이하의 징역, 10년 이하의 자격정지 또는 5천만 원 이하의 벌금에 처한다.
③ 제1항과 제2항의 죄는 피해자가 구체적으로 밝힌 의사에 반하여 공소를 제기할 수 없다.

참고해요, 실제 사례!

2021년 3월, 서울 구로 경찰서에서는 미용실 관리자인 미숙 씨(가명)를 명예훼손 혐의❸로 입건❹했어요. 미숙 씨가 아르바이트생을 시켜 경쟁 업체 홈페이지에 좋지 않은 후기를 남겼기 때문이에요. 아르바이트생은 미숙 씨의 지시로 근처 경쟁 미용실의 포털 사이트 고객 후기란에 "손님을 너무 오래 기다리게 한다."라거나 "여기 미용사들 머리 손질하는 게 미숙하다." 등의 부정적인 후기와 낮은 별점을 남겼어요. 일명 '별점 테러'를 한 거죠.

이렇게 한 업체를 대상으로 부정적인 리뷰나 후기를 작성했을 때 그 내용에 따라 사이버 명예훼손죄가 적용될 수 있어요. 그렇다고 별점을 낮게 준 것, 부정적으로 평가한 것이 모두 죄가 되는 것은 아니에요. 미숙 씨는 '사람을 헐뜯는 목적'이 인정됐기 때문에 입건된 것이랍니다.

❸ **혐의** 범죄를 저질렀을 가능성이 있다고 봄.
❹ **입건** 범죄 혐의 사실을 인정하여 사건을 성립하는 일.

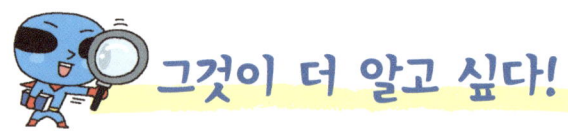
그것이 더 알고 싶다!

Q. 연예인 SNS 게시물에 악성 댓글을 달았다가 고소를 당했어요. 어떻게 해야 할까요? 너무 후회돼요.

　악성 댓글을 달아서 고소를 당한 경우, 먼저 피해자에게 진심으로 사과하고 용서를 받으세요. **명예훼손죄는 피해자가 원하지 않으면 처벌할 수 없어요.** 피해자가 사과를 받아들여 처벌을 원하지 않는다고 하면 재판도, 처벌도 받지 않게 됩니다. 하지만 단지 처벌을 원치 않아서 마음에도 없는 사과를 하는 것은 절대 안 돼요. 그 악성 댓글로 인해 피해자가 받았을 상처를 생각해서 진심으로 사과하세요. 단, 본인의 진심과는 상관없이 이미 상처를 입은

피해자가 용서를 원하지 않을 수 있어요. 그런 경우 악성 댓글을 남긴 대가로 처벌을 받아야 해요.

단순히 자신의 의견을 쓰는 것이 아닌 사회적으로 도를 넘은 수준의 악성 댓글과 게시물 등을 작성하거나 퍼뜨리는 이들은 모두 명예훼손죄로 고소당할 수 있어요. 그러니 상대방의 명예를 훼손시키고 모욕하는 글은 절대 쓰지 않도록 해요.

Q. 채팅방에서 누군가가 올린 험담 글을 다른 채팅방으로 옮겼을 때도 명예훼손이 적용되나요?

자신이 직접 누군가를 헐뜯는 글을 작성한 게 아니어도 타인의 명예를 훼손하는 내용의 글을 공연히 전달했다면 이 역시 명예훼손죄가 됩니다. 뒷담화는 하지도 말고 전달하지도 마세요! 그것이 타인의 명예도 지키고 자신도 지키는 현명한 행동이에요.

3. 한순간의 장난으로 범죄자가 될 수 있다?!

민우와 준기는 단짝이에요. 준기는 오늘 부모님이 늦게 오신다며 하교 후 민우를 자기 집에 데리고 갔어요. 준기 집에 처음 가 본 민우는 이곳저곳을 구경했어요. 준기네 아빠가 파일럿이셔서 그런지 각국에서 구입해 온 기념품들이 많이 진열되어 있었어요.

이야~ 김준기~ 너희 집에 신기한 거 진짜 많다!

이런 건 아무것도 아니야. 더 재밌는 거 보여 줄까?

준기는 민우에게 더 재미있는 걸 보여 준다며 민우를 베란다로 데리고 나갔어요. 아래를 내려다보니 아파트 뒷마당이 보이고, 그곳에서 고양이들 몇 마리가 한데 모여 밥을 먹고 있었어요. 그런데 민우가 귀여운 고양이들을 정신없이 바라보던 때였어요. 준기가 갑자기 화분에서 작은 돌멩이를 꺼내더니 아래로 던지기 시작했어요.

야 김준기! 왜 돌을 던져!? 고양이나 지나가는 사람이 맞으면 어쩌려고!!

ㅋㅋㅋ 재밌잖아~ 아무도 없어! 고양이가 맞겠냐?

준기는 자신의 행동이 뭐가 잘못되었는지 하나도 모르겠다는 얼굴이었어요. 민우는 순간, 준기가 던진 돌에 고양이나 사람이 맞아서 다치기라도 하면 어쩌나 걱정이 됐어요. 그리고 이러다가 준기가 벌을 받는 건 아닐지 아찔했어요.

준기의 이런 위험한 장난, 법적으로 아무 문제가 없는 건가요?

변호사 선생님, 알려 주세요!

준기의 행동은 법적으로 처벌받을 수 있는 범죄 행위예요. 높은 건물에서 무언가를 던지게 되면 길을 지나가던 사람이나 동물이 맞을 수도 있고, 건너편 건물 유리창이 파손될 수도 있어요. 운이 나쁘다면 준기가 던진 돌멩이에 누군가 크게 다칠 수도 있는 거예요. 그런 경우 당연히 형법 위반이 돼요. 아무도 다치지 않았다 하더라도 준기의 행동은 그 자체로 아주 위험해서 벌금을 물 수 있는 위법 행위예요. 그러니 누군가 준기처럼 행동하려고 하면 "절대 안 돼!"라고 이야기해 줄 수 있어야겠죠?

 **기억해요, 한 줄 법 이야기!**

어디서든 무언가를 함부로 던지거나 버리지 마세요!

친구들끼리 장난으로 학교나 학원 창문에서 쓰레기 혹은 물건을 던져 본 적이 있나요? 의도는 단순히 장난이었더라도, 한순간에 동물이나 사람이 다칠 수도 또 죽을 수도 있는 위험한 일이에요. 그러니 절대 하지 말아야 할 장난이라는 것, 꼭 알아 두세요!

법전 펼쳐 보기 ▼

경범죄처벌법 제3조(경범죄의 종류)
① 다음 어느 하나에 해당하는 사람은 10만 원 이하의 벌금, 구류❺ 또는 과료❻의 형으로 처벌한다.
   ...
   11. (쓰레기 등 투기) 담배꽁초, 껌, 휴지, 쓰레기, 그 밖의 더러운 물건이나 못 쓰게 된 물건을 함부로 아무 곳에나 버린 사람
   ...
   23. (물건 던지기 등 위험 행위) 다른 사람의 신체나 다른 사람 또는 단체의 물건에 해를 끼칠 우려가 있는 곳에 충분한 주의를 하지 아니하고 물건을 던지거나 붓거나 또는 쏜 사람
(후략)

형법 제266조(과실❼치상)
① 과실로 인하여 사람의 신체를 다치게 한 자는 500만 원 이하의 벌금, 구류 또는 과료에 처한다.

형법 제267조(과실치사)
과실로 인하여 사람을 사망에 이르게 한 자는 2년 이하의 금고 또는 700만 원 이하의 벌금에 처한다.

❺ **구류** 죄인을 1일 이상 30일 미만의 기간 동안 교도소나 경찰서 유치장에 가두는 것.
❻ **과료** 벌금 내는 것.
❼ **과실** 부주의로 인하여, 어떤 결과의 발생을 미리 내다보지 못하는 것.

참고해요, 실제 사례!

1. 2015년, 어느 아파트 잔디밭에 있던 50대 아주머니가 아파트 옥상에서 떨어진 벽돌에 맞아 숨진 사건이 일어났어요. 그 아주머니는 고양이들이 겨울에 얼어 죽지 않도록 잔디밭에 고양이 집을 지어 주고 있었어요. 그리고 옆에서 같이 도와주던 20대 청년도 이 벽돌에 맞아 머리를 크게 다쳤어요. 사건이 일어난 후 일주일 내내 누가, 왜 아주머니를 살해했는지에 대해 전국이 떠들썩했어요. 평소 길고양이를 돌보던 아주머니를 싫어한 누군가가 일부러 그랬을 것이라는 의심 때문이었어요. 하지만 CCTV를 확보하고 목격자들을 수사한 끝에 찾아낸 범인은 초등학생이었어요. 이 초등학생이 친구 두 명과 함께 '옥상에서 물건을 던지면 몇 초 만에 떨어질까'를 실험하는 놀이를 하면서 벽돌을 떨어

뜨린 게 밝혀졌어요.

　아주머니는 숨졌고, 청년은 크게 다쳤으니 이렇게 심각한 경우 경범죄처벌법으로 그치지 않아요. 형법상 과실치사죄에 해당하고 감옥에도 갈 수 있는 처벌을 받게 됩니다. 이 사건에서 벽돌을 던진 당사자는 그때 당시 만 9세인 형사미성년자로 처벌을 받지 않았어요. 하지만 그 옆에서 벽돌 투척에 가담했던 다른 학생은 만 11세 촉법소년으로 소년부에 넘겨졌어요. 과실치사상 혐의였지요. 또한 그 부모들은 당연히 사망한 50대 아주머니의 유가족과 다친 20대 청년에게 민사상 손해 배상 책임을 져야 했어요.

▶ 다음 장의 설명을 참고하세요!
▶ 85쪽 설명을 참고하세요!

2. 2021년 7월, 서울의 한 아파트 옥상에서 운동 기구인 아령을 집어 던진 한 60대 남성이 경찰에 붙잡혔어요. 이 남성은 2kg 아령 2개, 8kg 아령 1개 그리고 접이식 의자 1개를 옥상에서 던졌어요. 남성이 던진 물건 때문에 근처 상점 테라스 일부분이 손상되는 피해도 있었어요. 다행히 사람이 다치거나 죽지는 않았지만요. 심지어 남성이 있던 아파트는 본인이 거주하는 곳도 아니었어요. 실제로 누군가 다치지 않았다 하더라도 맞을 가능성이 충분히 있고 그걸 알면서도 죽거나 다쳐도 상관없다고 생각하고 던진다면 살인미수죄나 상해미수죄가 될 수 있어요. 그래서 이 남성은 현행범으로 체포되고 결국 구속되었어요.

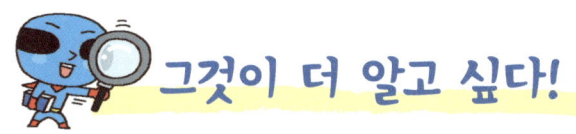 그것이 더 알고 싶다!

Q. 만일 내가 실수로 던진 돌멩이에 누군가 맞아서 다친다면 나는 어떤 벌을 받게 되나요?

누군가의 행동이 실수에 의한 것이라면 법을 위반했더라도 원칙적으로는 죄가 되지 않아요. 처벌도 받지 않지요. 하지만 그 결과가 사람이 다치거나 죽는 것처럼 심각하다면 사정이 달라져요. 그 행동이 실수로 인한 것이었다 하더라도 **주의 의무의 위반**[8]이라고 인정된다면 결과에 대해서도 법적으로 책임을 지게 됩니다.

예를 들어 자동차 사고가 났어요. 운전자가 일부러 행인을 치지는 않았지만 신호를 위반했거나, 과속으로 달리던 중이었거나, 스마트폰을 보느라 주의 의무를 위반했다면 과실치상죄(사람이 다치는 경우) 또는 과실치사죄(사람이 사망에 이른 경우)로 처벌을 받고 손해도 배상하게 돼요. 그러니까 돌멩이를 던질 때 사람을 다치게 할 의도로 그런 건 아니더라도 그로 인해 누군가가 다쳤다면 주의 의무 위반으로 과실치상의 책임을 지게 되는 거예요.

[8] **주의 의무의 위반** 어떠한 행위를 할 때 반드시 주의를 기울일 의무가 있는데, 이를 위반하는 것.

Q. 형사 미성년자가 뭐예요?

형사 미성년자란, 14세 미만이기 때문에 형법에서의 책임 능력이 없는 것으로 간주되는 아동 및 청소년을 말해요. 형사 미성년자는 형법을 어기는 행위를 해도 책임을 지게 할 수 없어서 처벌을 받지 않게 돼요. 하지만 10세 이상 19세 미만이라면 소년법에 따라 가정 법원에서 소년보호 재판을 받고 보호처분을 받을 수 있어요.

잠깐!

형사 미성년자라 벌을 받지 않으니 법을 어겨도 된다고 생각하는 건 아니겠지요? 14세 미만인 형사 미성년자라도 10세 이상이라면 소년법에 따라 벌을 받을 수 있어요. 이에 대한 자세한 내용은 87쪽에서 알려 줄게요.

Q. 초등학생이 형사 미성년자라서 처벌을 받지 않는다면 피해자는 어떻게 보상받나요?

누군가 형사 미성년자의 위법 행위에 의해 피해를 입게 되면 그 부모가 민사상 손해 배상 책임을 져야 해요. 모든 부모에게는 자녀를 관리할 의무가 있는데, 이를 소홀히 했으니 그에 대한 책임을 져야 하는 거예요.

4 도움이 필요한 사람, 그냥 지나쳐도 될까?

　연수는 엄마랑 할머니 댁에 가려고 집을 나섰어요. 아파트 입구에서 택시를 타려고 기다리는데 빈 차가 잘 보이지 않았어요. 유난히 추운 날이라 목이 움츠러들었어요. '추운데 빈 택시가 왜 이렇게 없지?'라고 생각하는 순간 아직 손님이 타고 있는 택시가 연수와 엄마 앞에 멈춰 섰어요.

　택시 기사 아저씨는 창문을 내리고 "지금 탄 손님이 어차피 여기서 내리니 기다렸다 타세요."라고 말했어요. 뒷좌석에는 어떤 아저씨가 잠이 들어 있었는데, 문을 여니 술 냄새가 아주 심하게 풍겨 왔어요.

　기사 아저씨가 여러 번 흔들어 깨웠지만, 뒤에 탄 손님은 일어나지 않았어요. 기사 아저씨는 더는 못 참겠다는 듯 손님을 차 밖으로 끌어 내렸어요. 그

러고는 손님의 지갑 안에서 카드를 꺼내 택시비를 결제했어요. 술에 취한 손님은 아무것도 모른 채 길거리에 뻗어 누웠어요.

　기사 아저씨는 다시 운전석으로 가면서 연수 엄마에게 말했어요.

이제 타세요. 어디로 모셔 드릴까요?

아니, 이 추운 날씨에 사람을 이대로 두고 가신다고요?

그럼 어떡해요. 내가 이 사람 집을 찾아 줄 수도 없고.

기사님, 아무리 그래도 그렇지…. 이 날씨에 이러다가는 얼어 죽을 수 있어요. 그러면 기사님이 감옥에 가실 수도 있다고요.

　엄마는 지나가시던 아파트 경비원께 도움을 청했고, 다행히 그 분이 술 취한 아저씨를 알아보고 부축해서 데려갔어요. 만약 그 손님을 길거리에 그대로 두고 갔다면 택시 기사 아저씨가 감옥에 갈 수도 있었을까요?

택시 기사가 술 취한 손님을 버려두고 간다면 그건 범죄인가요?

49

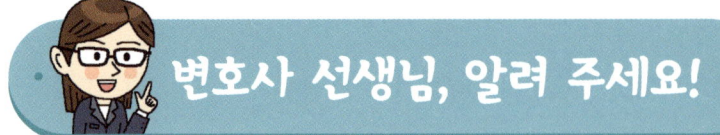

변호사 선생님, 알려 주세요!

　술 취한 손님을 내버려 두고 가려는 택시 기사 아저씨, 여러분은 어떻게 생각하세요? 술에 취하면 체온 조절 기능이 떨어져요. 그대로 추운 곳에서 자면 정말 얼어 죽을 수도 있지요. 만일 자기 가족이 그런 상태라면 절대로 길바닥에 버려두고 가지 않을 거예요. 그러니 택시 기사 아저씨의 행동은 도덕적으로 비난받을 만할 뿐 아니라 위험한 행동이기도 해요.

　형법에서는 법률상 또는 계약상 보호할 의무가 있는 자가 도움이 필요한 사람을 유기❾한 경우를 **유기죄**라고 해요. 유기죄에 해당하는 사람은 3년 이하의 징역 또는 500만 원 이하의 벌금에 처한다고 정하고 있지요.

　법률상 보호할 의무가 있는 사람은 서로 부양 의무가 있는 부부 또는 보호할 의무가 있는 자녀를 둔 부모, 그리고 늙은 부모를 돌볼 의무가 있는 자식들을 말해요.

　택시에 승객을 태우고 가는 기사에게는 승객의 안전과 생명에 대해 배려할 의무가 있어요. 그렇기 때문에 택시 기사는 '계약상 손님을 보호할 의무가 있는 자'라고 할 수 있어요. 따라서 택시 기사가 추운 날씨에 술 취한 손님을 아파트 입구에 버려두고 가는 행동은 형법상 유기죄가 되어 정말 감옥에 갈 수도 있는 거지요.

❾ 유기 내다 버리는 것.

 기억해요, 한 줄 법 이야기!

누군가를 도와줄 수 있는 상황이라면 꼭 도와주세요!

추운 날 술에 취한 채 길가에 버려진다면 생명이 위험하게 될 수도 있어요. 그러니 택시 기사의 행동은 도덕적으로 비난받을 만할 뿐 아니라 형법에서도 범죄로 정하고 있는 거예요. 도덕적 의무를 다 지킨다면 법을 어길 일은 절대 없겠지요?

법전 펼쳐 보기 ▼

형법 제271조(유기, 존속유기)
① 나이가 많거나 어림, 질병 등의 사정으로 도움이 필요한 사람을 법률상 또는 계약상 보호할 의무가 있는 자가 유기한 경우에는 3년 이하의 징역 또는 500만 원 이하의 벌금에 처한다.
② 자기 또는 배우자의 직계 존속에 대하여 제1항의 죄를 지은 경우에는 10년 이하의 징역 또는 1천 500만 원 이하의 벌금에 처한다.
③ 제1항의 죄를 지어 사람의 생명에 위험을 발생하게 한 경우에는 7년 이하의 징역에 처한다.
④ 제2항의 죄를 지어 사람의 생명에 위험을 발생하게 한 경우에는 2년 이상의 유기 징역에 처한다.

형법 제275조(유기등 치사상)
① 제271조 죄를 범하여 사람을 상해에 이르게 한 때에는 7년 이하의 징역에 처한다. 사망에 이르게 한 때에는 3년 이상의 유기 징역에 처한다.
② 자기 또는 배우자의 직계 존속에 대하여 제271조 죄를 범하여 상해에 이르게 한 때에는 3년 이상의 유기 징역에 처한다. 사망에 이르게 한 때에는 무기 또는 5년 이상의 징역에 처한다.

참고해요, 실제 사례!

　2010년의 마지막 날, 술집 주인 A 씨는 평소 얼굴을 알고 지내던 손님인 B 씨에게 자신의 가게로 술을 마시러 오라 권했어요. 이에 B 씨는 이미 취한 상태로 가게에 와서 약 3일간 쉬지 않고 술을 마셨어요. 하지만 A 씨는 아무런 조치를 취하지 않았고, 결국 B 씨는 실종 신고를 받았어요. 경찰들이 가게에서 B 씨를 찾았을 때 B 씨는 영하의 추운 날씨에 트레이닝복만 입은 상태로 정신을 잃고 있었어요. B 씨는 바로 병원으로 옮겨졌지만, 결국 사망했어요.

　B 씨가 위험한 상태인 걸 알면서도 아무런 행동도 하지 않은 A 씨에게 대법원은 유기치사죄를 적용했어요. 가게의 주인은 손님이 위험하지 않도록 도울 의무가 있는데, A 씨는 그러지 않았으므로 책임이 있다고 판결을 내린 거지요. 이렇게 자신이 도울 의무가 있는 사람을 방치하는 경우 법적으로 벌을 받는답니다.

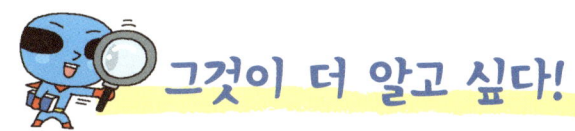
그것이 더 알고 싶다!

Q. 만일 택시 기사가 뒤에 탄 손님을 버려두고 가려 할 때, 연수 엄마와 연수가 아무 행동도 하지 않고 택시를 탔다면 이들도 처벌을 받나요?

택시 기사가 도움이 필요한 승객을 버리고 가는 경우는 유기죄로 처벌받지만, 아무 상관없이 지나가던 사람까지 처벌할 수 있을까요? 일단, 모른 척하고 지나가는 건 도덕적으로 비난받을 만한 행동인 게 분명해요. 하지만 이것을 범죄로 보고 처벌해야 하느냐에 대해서는 나라마다 다르게 답하고 있어요. 도움이 필요한 사람을 돕지 않고 지나친 행동을 **구조불이행죄**라는 죄명으로 처벌하는 나라도 있어요. 하지만 우리나라에는 다른 사람의 생명이나 신체에 위험이 발생한 것을 보고도 구조에 나서지 않은 사람을 처벌하는 소위 **착한 사마리안 법**이 없어요. 따라서 연수 엄마와 연수가 그냥 택시를 타고 가 버렸다고 해도 택시 기사와는 달리 처벌받지 않습니다.

→ 다음 장의 설명을 참고하세요!

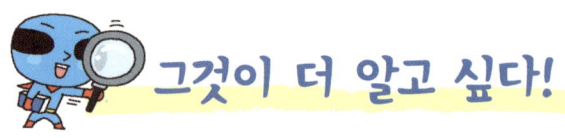
그것이 더 알고 싶다!

Q. '착한 사마리안 법'이 뭐예요?

성경에는 강도의 칼에 맞아서 피를 흘리며 죽어 가는 어떤 사람을 정성스럽게 보살펴 준 사마리아 사람 이야기가 나옵니다. 다른 사람들은 죽어 가는 사람을 보고도 그냥 지나쳤지만, 이 사람은 여관 주인에게 돈을 주면서 자기가 다시 올 때까지 보살펴 달라고 부탁했어요. 그러니까 '착한 사마리안 법'은 죽어 가는 사람을 보고 그냥 지나쳐 간, 자신에게 해가 될 일이 없는데도 위험에 처한 이웃을 돕지 않은 사람을 처벌하는 법이에요.

고대 이스라엘 왕국의 수도예요!

현대판 '착한 사마리아인'

Q. '착한 사마리안 법', 즉 구조불이행죄가 우리나라에 아직 없다면 만들어야 하는 거 아닌가요?

어떤 사람의 생명이 위험에 처해 있을 때 옆에서 구경만 하거나 못 본 체 지나간다면 도덕적으로 비난받아야 마땅해요. 하지만 비난 가능한 모든 행위를 일일이 법으로 정해서 처벌하는 것 또한 인권 침해가 될 소지가 있어서 신중할 수밖에 없어요. 그래서 법은 '도덕의 최소한'이라고 하지요. 우리나라 국회에서도 몇 차례 구조불이행죄를 만들려고 했지만 무산되었어요.

우리나라에 아직 구조불이행죄가 없어 일어난 안타까운 사건도 많아요. 예를 들어, 택시를 타고 가던 승객들이 차 안에서 쓰러진 택시 기사를 놔둔 채 택시에서 내려 기사가 숨진 사건이 있었어요. 또, 함께 술을 마시던 일행끼리 싸우다 한 사람이 크게 다쳐 쓰러졌는데 그를 병원에 데려가지 않아 결국 숨진 사건도 있었답니다.

한편 프랑스 형법은 "위험에 처해 있는 사람을 구조해 주어도 자기가 위험에 빠지지 않음에도 불구하고 구조해 주지 않은 자는 5년 이하의 징역, 혹은 7만 5천 유로 이하의 벌금에 처한다."라고 정하고 있답니다.

5 '법 세상'에 나쁜 개는 없다.

어느 토요일 오후, 진우와 아빠는 세 살배기 여동생을 데리고 아파트 놀이터에 가기로 했어요. 진우는 여동생의 손을 꼭 잡고 엘리베이터를 탔어요. 1층을 누르고 내려가는데 5층에서 엘리베이터 문이 열리더니 어떤 아저씨와 함께 무섭게 생긴 개 한 마리가 휙 뛰어 들어왔어요. 그 개는 진우 여동생을 보자마자 달려들면서 "우르르 컹! 컹!"하며 사납게 짖었어요. 여동생은 겁에 질려 소리도 못 내다가 아빠가 안아 주니까 그제야 "으앙!"하고 울었어요. 너무 순식간에 일어난 일이라 진우도 많이 놀랐어요.

아빠도 놀라셨는지 눈을 둥그렇게 뜨고 짖고 있던 개와 주인 아저씨를 쳐다보았어요. 그런데 아저씨는 아무 반응 없이 핸드폰만 쳐다보고 있었어요. 진우는 아저씨가 사과를 해야 하는 상황이라고 생각했지만 어떻게 말을 해야 할지 몰랐어요. 그때 아빠가 아저씨에게 공손한 태도로 말씀하셨어요.

"저기, 강아지한테 목줄을 매 주어야 할 것 같은데요."

그런데 아저씨는 뜻밖에도 심드렁한 표정으로 대답했어요.

"얘는 순해서 사람 안 물어요."

사나운 강아지에게 목줄을 하지 않고 엘리베이터에 탄 5층 아저씨의 행동은 법적으로 아무런 잘못이 없는 건가요?

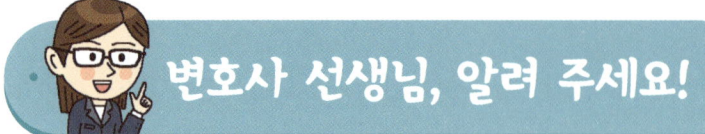

변호사 선생님, 알려 주세요!

　아무리 조그만 강아지라도 공공장소에서 목줄을 매지 않고 놓아두는 행위는 원칙적으로 동물보호법 위반이에요. 특히 5층 아저씨의 반려견이 맹견이라면 공공장소에 데리고 다닐 때 항상 입마개까지 해야 할 의무가 있어요. 만약 개 주인이 반려견에게 목줄을 매지 않았다가 사람이 다치는 일이 발생한다면 동물보호법상의 벌칙 규정에 따라 2년 이하의 징역 또는 2천만 원 이하의 벌금형을 받을 수도 있어요. 사람이 다치거나 하지 않았더라도 목줄을 착용하지 않은 게 걸렸을 때는 50만 원 이하의 과태료⑩가 부과될 수 있고요. 만일 개의 위험성이 인정되는 경우라면 경범죄처벌법에 의해 처벌받을 수도 있어요.

⑩ **과태료** 법을 지키지 않은 사람에게 벌로 물게 하는 돈.

 기억해요, 한 줄 법 이야기!

반려동물과 외출할 때는 반드시 안전 조치를 취해야 해요.

법 세상에 나쁜 개는 없어요. 개한테는 법적으로 책임을 물을 수 없으니까요. 동물에게는 당연히 법을 지켜야 할 의무도 없지요. 따라서 사람이 키우는 반려동물이 누군가에게 해를 끼치게 된다면 그건 그 개를 키우는 사람의 책임이에요. 동물보호법은 동물 학대를 금지하는 등의 동물을 위한 규정을 정하지만, 동물을 관리하는 사람의 책임에 대해서도 말하고 있어요. 그에 따르면 반려동물의 주인은 반려동물을 동반하고 외출할 때 목줄 등 안전 조치를 반드시 해야 해요. 또 배설물이 생겼을 때는 즉시 수거해야 할 의무가 있어요.

법전 펼쳐 보기 ▼

동물보호법 제13조(등록 대상 동물의 관리 등)
소유자가 **등록 대상 동물**을 동반하고 외출할 때에는 목줄 등 안전 조치를 하여야 하며, 배설물(소변의 경우에는 공동 주택의 엘리베이터·계단 등 건물 내부의 공용 공간 및 평상·의자 등 사람이 눕거나 앉을 수 있는 기구 위의 것으로 한정)이 생겼을 때에는 즉시 수거하여야 한다.

*등록 대상 동물이란?
등록 대상 동물은 주택, 준주택에서 기르는 개 및 주택, 준주택이 아니더라도 반려 목적으로 기르는 태어난 지 2개월 이상이 된 개를 뜻해요. 동물 등록이 필요한 이유는 동물의 보호, 유실 및 유기 방지, 질병 관리, 공중위생상의 위해 방지 등을 위함입니다.

동물보호법 제13조 제2항(맹견의 관리)
3개월 이상인 **맹견**을 동반하고 외출할 때는 목줄 및 입마개 등 안전장치를 하거나 맹견의 탈출을 방지할 수 있는 적정한 이동 장치를 해야 한다.

*맹견이란?
맹견은 몹시 사나운 개예요. 도사견, 아메리칸 핏 불 테리어, 아메리칸 스태퍼드셔 테리어, 스태퍼드셔 불 테리어, 로트와일러 등 5종과 이들과의 혼혈 견종도 모두 포함돼요. 이 맹견을 데리고 밖으로 나올 경우, 목줄 외에 입마개도 필수예요.

참고해요, 실제 사례!

　L 씨네 가족이 11년 동안 가족처럼 키워 온 강아지가 목줄을 하지 않고 돌아다니던 진돗개에 물려 죽는 일이 발생했어요. L 씨는 진돗개 주인 K 씨를 상대로 법원에 **손해 배상 청구 소송**을 제기했어요. 판사는 K 씨의 책임을 인정하고 L 씨 가족에게 위자료 232만 6천 원을 지급하라고 판결했어요.

잠깐! 손해 배상 청구 소송이란?

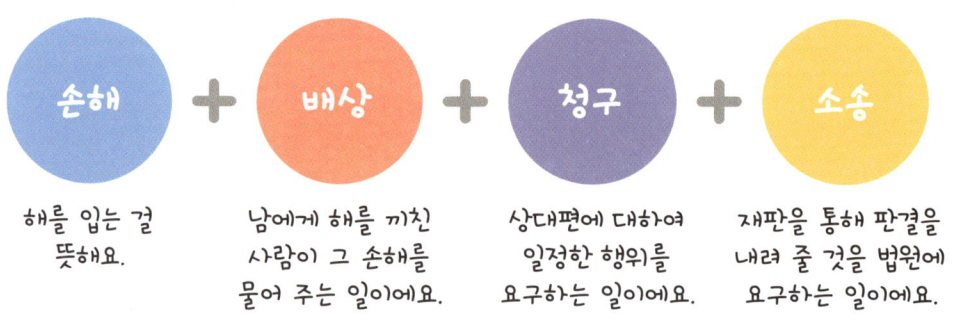

　L 씨가 입은 손해는 K 씨가 진돗개를 잘 관리하지 않은 탓이라고 할 수 있어요. 이렇게 원인을 제공한 K 씨에게는 법적으로 손해를 배상할 책임이 있어요. K 씨가 만일 이를 거절한다면 L 씨는 법원에 K 씨에게 손해를 배상하도록 명령하는 판결을 내려 달라고 요청할 수 있어요. 이것을 '손해 배상 소송을 제기한다'라고 해요.

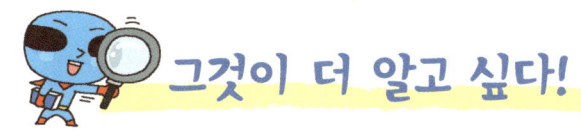
그것이 더 알고 싶다!

Q. 목줄을 매지 않은 개가 다른 개를 다치게 한 경우 주인은 어떤 책임을 지나요?

개 주인은 재산상의 손해는 물론이고 반려동물로 키워 온 가족들에게 정신적 고통을 준 것에 대한 위자료[11]로 손해 배상 책임을 지게 됩니다. 목줄을 매지 않은 개가 위험한 맹견이라면 경범죄처벌법에 따라 처벌돼요.

Q. 목줄을 매지 않은 반려견을 봤어요. 신고할 수 있을까요?

최근 반려견에 물려 심하면 패혈증으로 사망에 이르는 사고까지 발생하고 있어요. 그래서 반려견이 목줄을 매지 않고 (맹견의 경우 입마개 포함해서) 돌아다니는 것을 발견할 경우 신고하면 포상금을 주는 제도를 시행하고 있어요.

*패혈증이란?
상처가 생겼을 때 감염이 일어나 온몸에서 생명을 위협할 수준으로 염증 반응이 강하게 나타나는 증상을 말해요.

[11] 위자료 불법 행위로 인해 생기는 손해 가운데 정신적 고통이나 피해에 대한 배상금.

6 동물은 물건이 아니야.

"엄마, 옆집에서 계속 개 우는 소리가 나는 것 같은데…. 들으셨어요?"
주택 꼭대기 층에 사는 세영이는 며칠 전부터 옆 주택 옥상에서 개가 우는 듯한 소리를 들었어요.
"그래? 사실 엄마도 좀 이상한 소리를 듣긴 했어."

세영이는 소리를 확인하기 위해 엄마와 옥상으로 올라가 보았어요. 세영이네 집 옥상에서 옆 주택의 옥상을 볼 수 있거든요. 그리고 잠시 후, 세영이는 자신의 눈을 믿을 수가 없었어요. 텅 빈 옆 주택 옥상에 강아지 두 마리가 묶여 있었거든요. 옥상 한쪽 끝에는 백구 한 마리가, 다른 쪽 끝에는 누렁이 한 마리가 묶여 있었는데, 누렁이는 엎드린 채 꼼짝도 하지 않았어요. 세영이와 엄마가 들은 소리는 백구가 우는 소리였던 것 같았어요. 백구는 며칠은 굶은 듯 한눈에 보기에도 앙상한 뼈가 드러나 있었어요.

"저런! 옆 건물에 살던 사람들 얼마 전에 다 이사 갔는데 이게 무슨 일이람? 설마 강아지들을 그냥 버리고 간 거야?"
엄마는 곰곰이 생각하시다가 경찰서에 전화를 하셨어요.
"네, 동물 학대 사건 신고하려고요. 여기 구조가 필요한 강아지 두 마리가

있어요."

경찰의 구조를 기다리는 동안, 세영이는 옥상에서 생각에 잠겼어요.

'왜 이웃에 살던 사람들은 강아지들을 데려가지 않은 걸까?'

고양이를 키우고 있는 세영이 입장에서는 이해가 가지 않았어요. 세영이는 자신이 이사를 하더라도 고양이를 놓고 간다는 상상은 해 본 적도 없어요. 고양이도 가족이기 때문이에요. 이웃 사람들은 백구와 누렁이를 가족으로 대한 게 아니라, 물건 취급했던 게 틀림없었어요. 언제나 버려도 되는 물건이요. 세영이는 백구와 누렁이가 빨리 구조되어 건강한 상태로 돌아갔으면 좋겠다고 생각했어요. 그리고 그렇게 강아지들을 방치한 사람들이 벌을 받았으면 좋겠다고도 생각했어요.

이사하면서 강아지를 버려두고 간 이웃, 이래도 되는 건가요?

옆집 사람들이 이사하면서 반려동물을 버려두고 간 것이 사실이라면 그 사람들은 **동물학대죄**로 처벌을 받아야 해요. 소유자로서 동물을 제대로 보살피지 않고 버려둔 것이니 동물보호법을 위반한 거예요.

동물보호법을 위반하여 동물을 죽음에 이르게 한 사람은 3년 이하의 징역 또는 3천만 원 이하의 벌금에 처할 수 있어요. 또한 이렇게 학대받는 동물을 발견한 사람은 누구나 경찰서 혹은 각 자치 단체에 신고할 수 있어요.

 기억해요, 한 줄 법 이야기!

동물은 물건이 아니에요.

동물은 얼마 전까지도 법적으로는 물건으로 취급받고 있었어요. 그래서 다른 사람 소유의 개가 학대받고 있을 때 그 개를 구조해서 데려오면 오히려 절도죄로 처벌받을 수도 있었어요. 하지만 2021년 7월 19일, 정부는 "동물은 물건이 아니다."라고 선언하는 법 조항을 새로 만들었어요. 참고로 유럽 국가인 오스트리아에서는 헌법에 "인간은 생명체에 대한 책임이 있는 만큼 동료 생명체인 동물을 존중하고 보호해야 한다."라고 명시하고 민법에서도 "동물은 물건이 아니며 특별한 법률로 보호되어야 함을 명시한다."라고 정하고 있답니다.

법전 펼쳐 보기 ▼

동물보호법 제8조(동물 학대 등의 금지)
① 누구든지 동물에 대하여 다음 각 호의 행위를 하여서는 아니 된다.
  1. 목을 매다는 등의 잔인한 방법으로 죽음에 이르게 하는 행위
  2. 공개된 장소에서 죽이거나 같은 종류의 다른 동물이 보는 앞에서 죽음에 이르게 하는 행위
  3. 고의로 사료 또는 물을 주지 아니하는 행위로 인하여 동물을 죽음에 이르게 하는 행위
  4. 그 밖에 수의학적 처치의 필요, 동물로 인한 사람의 생명·신체·재산의 피해 등 농림축산식품부령으로 정하는 정당한 사유 없이 죽음에 이르게 하는 행위

참고해요, 실제 사례!

2021년 3월, △△어류 양식 협회 대표자인 김어부 씨(가명)가 **동물보호법 위반** 혐의로 검찰에 송치⑫됐어요. 김어부 씨는 2020년 11월 27일, 여의도에서 △△어류 양식 협회 회원들과 집회를 열고 살아 있는 일본산 물고기를 던져 어류를 학대한 혐의를 받았어요. 협회 측은 정부가 수입한 일본산 활어 때문에 국내 어민들이 경제적으로 큰 타격을 입었다며 활어를 내던지는 시위를 벌였어요. 이를 동물보호법 위반 행위라고 본 한 동물 보호 단체가 2020년 12월에 김어부 씨를 경찰에 고발한 거고요. 현재 동물보호법은 먹는 목적일 때를 제외하고 고통을 느낄 수 있는 동물의 신체를 훼손해 학대하는 것을 금지하고 있어요. 협회 측이 살아 있는 물고기를 내던진 것은 집회를 위한 목적이지 먹기 위한 목적은 아니었기에 동물보호법 위반을 적용한 것으로 알려졌습니다.

동물들이 더 이상 법적으로 물건 취급을 받지 않게 되면서 동물의 권리가 확대되고 있어요. 이에 따라 동물 학대에 대한 처벌 강도도 높아지고 처벌 범위도 넓어질 가능성이 높다고 해요. 어류를 학대한 혐의에 동물보호법을 적용한 이 사례처럼요.

⑫ **송치** 수사 기관에서 검찰청으로, 또는 한 검찰청에서 다른 검찰청으로 피의자와 서류를 넘겨 보내는 일.

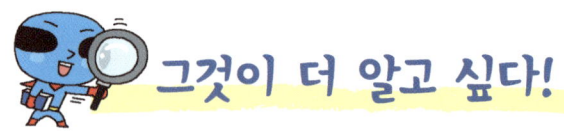 그것이 더 알고 싶다!

Q. 길에서 다친 동물을 발견했을 때는 어떻게 해야 하나요?

가까운 동물 병원에 데려가는 것이 첫 번째이고, 그럴 수 없다면 동물 구조 센터나 구청 등에 바로 신고하세요.

Q. 인터넷에서 주인이 반려견을 집어 던지고 때리는 영상을 봤어요. 이 행동은 범죄 아닌가요?

정당한 사유 없이 동물에게 신체적 고통을 주었다면 명백히 동물 학대에 해당해요. 고발한다면 당연히 처벌받을 수 있는 행동이에요.

Q. 친구들이 길고양이를 괴롭히는 영상을 촬영해서 단체 채팅방에 올렸어요. 저는 괴롭히는 데 가담하지는 않았지만, 이 영상을 다른 데 퍼뜨리면 죄가 되나요?

동물보호법은 동물 학대 행위를 촬영한 사진 또는 영상물을 전달하거나 인터넷에 올리는 것도 금지하고 있어요. 따라서 영상을 퍼뜨리는 것은 당연히 처벌받을 수 있는 행위지요. 14세 미만이라면 형사 미성년자기 때문에 형사 처벌을 받지는 않아요. 하지만 만 10세 이상 만 19세 미만이라면 소년법에 따라 소년원에 가거나 보호관찰⑬을 받을 수 있어요.

자세한 설명은 47쪽을 참고하세요!

기억해요, 한 줄 법 이야기!

동물 학대 행위를 촬영한 사진이나 영상물을 전달하는 것도 범죄예요.

법전 펼쳐 보기▼

동물보호법 제8조(동물 학대 등의 금지)
⑤ 누구든지 다음 각 호의 행위를 하여서는 아니 된다.
　1. 제1항부터 제3항까지에 해당하는 행위를 촬영한 사진 또는 영상물을 판매·전시·전달·상영하거나 인터넷에 게재하는 행위. 다만, 동물 보호 의식을 고양시키기 위한 목적이 표시된 홍보 활동 등 농림축산식품부령으로 정하는 경우에는 그러하지 아니하다.

⑬ **보호관찰** 범죄를 저지른 사람이 자유로운 사회생활을 하면서 일정한 감독과 지도를 받도록 하는 처분.

7   어느 날 갑자기 내 사진이 인터넷에?

승윤이네 가족은 신나는 여름 방학을 맞아 바다가 있는 강원도로 여행을 갔어요. 그곳에서 큰 수영장이 있는 펜션에 머물렀어요. 2박 3일 동안 승윤이는 온종일 해변에 나가서 지겨운 줄 모르고 놀았어요. 엄마, 아빠와 여동생은 주로 실내 수영장에서 시간을 보냈어요.

그런데 여행을 다녀온 지 얼마 지나지 않아 승윤이는 친구 유나에게 이런 메시지를 받았어요.

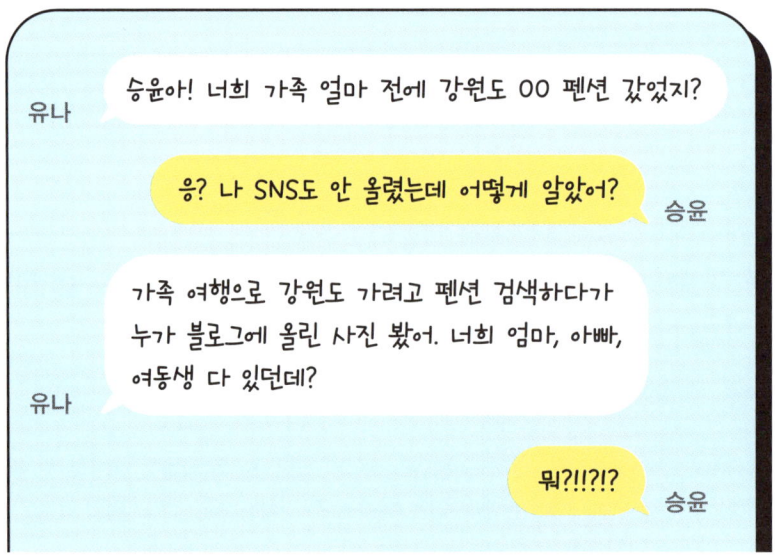

유나: 승윤아! 너희 가족 얼마 전에 강원도 OO 펜션 갔었지?

승윤: 응? 나 SNS도 안 올렸는데 어떻게 알았어?

유나: 가족 여행으로 강원도 가려고 펜션 검색하다가 누가 블로그에 올린 사진 봤어. 너희 엄마, 아빠, 여동생 다 있던데?

승윤: 뭐?!!?!?

승윤이는 깜짝 놀라 인터넷에 그 펜션을 검색해 보았어요. 그리고 't***2021'이라는 아이디의 블로거가 올린 문제의 사진을 찾을 수 있었어요. 사진 속에는 승윤이 엄마와 아빠 그리고 여동생이 수영복을 입고 수영장에서 쉬는 모습이 찍혀 있었어요. 2박 3일 동안 승윤이네 가족과 같은 펜션에 있었던 사람이 올린 것 같았어요. 그런데 사진이 올라온 것만이 문제가 아니었어요. 글 아래에는 "근데 저 아저씨는 뭐야? 뱃살 장난 아니네.", "좋은 풍경 다 망치네. 민폐다 민폐. 쯧쯧." 등 승윤이네 가족을 헐뜯는 댓글이 쓰여 있었어요. 승윤이는 허락도 없이 수영복을 입은 남의 사진을 인터넷에 올린 블로거에게 화가 났어요.

남의 동의 없이 찍은 사진을 마음대로 SNS에 올려도 되는 건가요?

변호사 선생님, 알려 주세요!

즐거운 마음으로 조용히 휴가를 즐기고 싶었던 승윤이 가족으로서는 날벼락 같은 일을 당했다고 느낄 것 같아요. 우리는 남의 허락 없이 사진 찍는 행위를 도둑 촬영, 일명 '도촬'이라고 해요. 도촬은 그 자체로 법에 어긋나는 행동이에요. 특히 함부로 남의 신체를 찍게 되면 그 사람은 사생활의 비밀과 자유, 자기 정보에 대한 권리를 침해당한 거예요. 또, 누구인지 한눈에 알 수 있도록 찍었다면 **초상권**을 침해한 것이기도 합니다.

잠깐! 초상권이란?

 사진이나 그림 등에 나타난 사람의 얼굴이나 모습을 뜻해요.

 자기의 초상이 허가 없이 촬영되거나 게시되지 않을 권리를 말해요.

만약 나의 초상이 허가 없이 촬영되거나 게시된 경우 손해 배상을 요구할 수 있어요.

인간은 자신의 비밀을 유지할 수 있어야 존엄성을 지키고 행복을 추구할 수 있어요. 그래서 '프라이버시'라고 일컬어지는 사생활의 비밀과 자유는 누구에게나 보장되어야 해요. 헌법은 이를 기본권으로 보장하고 있고 남의 동의 없이 사진을 찍는 것, 그리고 이를 공개하는 것 모두 법으로 금지하고 있어요. 이를 위반했을 시 강력하게 처벌하고 있고요. 따라서 승윤이 가족은 동의 없이 SNS에 본인들의 사진을 올린 블로거 't***2021'을 고소하고 손해 배상을 청구할 수 있어요.

기억해요, 한 줄 법 이야기!

누군가 나의 동의 없이 내 사진을 찍어서 갖고 있거나 어딘가에 공개하는 것, 모두 나의 소중한 프라이버시를 침해하는 행동이에요.

법전 펼쳐 보기 ▼

헌법 제17조
모든 국민은 사생활의 비밀과 자유를 침해받지 아니한다.

성폭력범죄의 처벌 등에 관한 특례법 제14조(카메라 등 이용 촬영죄)
① 카메라나 그 밖에 이와 유사한 기능을 갖춘 기계 장치를 이용하여 성적 욕망 또는 수치심을 유발할 수 있는 다른 사람의 신체를 촬영 대상자의 의사에 반하여 촬영한 자는 7년 이하의 징역 또는 5천만 원 이하의 벌금에 처한다.
② 제1항에 따른 그 촬영물 또는 복제물을 반포·판매·임대·제공 또는 공공연하게 전시·상영한 자 또는 제1항의 촬영이 촬영 당시에는 촬영 대상자의 의사에 반하지 아니한 경우에도 사후에 그 촬영물 또는 복제물을 촬영 대상자의 의사에 반하여 반포 등을 한 자는 7년 이하의 징역 또는 5천만 원 이하의 벌금에 처한다.

참고해요, 실제 사례!

　2018년, B 씨는 같은 버스에 타고 있던 한 여성을 자신의 핸드폰으로 몰래 촬영했어요. 그 여성은 B 씨가 자신을 쳐다보는 것을 이상하게 생각하던 중 카메라 방향이 자신에게 향해 있는 것을 발견하고 그에게 다가가 핸드폰을 보여 달라고 요구했어요. 그리고 경찰에 신고했지요. 이로 인해 B 씨는 카메라 등 이용 촬영죄로 처벌받았어요. B 씨는 법정에서 "예쁘다고 생각해서 찍었을 뿐이다."라고 주장했어요. 반면 촬영을 당한 여성은 "기분이 매우 나빴고, 어떻게 저런 사람이 있을 수 있는지 생각했다."라고 말했어요. 재판부는 피해자의 진술이 "함부로 성적 욕망의 대상으로 이용당했다는 인격적 존재로서의 분노와 수치심을 느낀 것으로 보인다."며 B 씨의 행위를 유죄로 판결했어요.

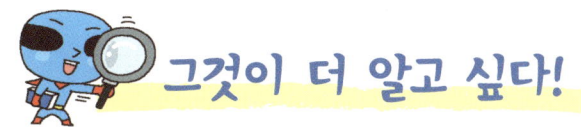 그것이 더 알고 싶다!

Q. 거리에서 친구들과 사진을 찍다 우연히 다른 사람이 같이 찍혔어요. 이 경우에도 문제가 되나요?

'카메라 등 이용 촬영죄'는 '성적 욕망 또는 수치심을 유발할 수 있는 다른 사람의 신체'를 찍었을 때 성립하는 범죄예요. 따라서 일상적인 옷을 입은 사람이 우연히 찍힌 것일 뿐이라면 죄가 되지는 않아요. 하지만 사진을 보고 누구인지 알아볼 수 있다면 '초상권 침해'가 되기 때문에 SNS 등에 올릴 거라면 모자이크 처리를 하는 등 다른 사람을 배려할 필요가 있어요.

Q. 승윤이네 엄마 아빠가 수영복 대신 평상복을 입고 있었다면 블로거는 무죄인가요?

평상복을 입은 경우 '카메라 등 이용 촬영죄'에는 해당하지 않아요. 하지만 그 게시물을 통해 다른 사람이 승윤이 가족임을 알아보았다면 초상권을 침해한 것이 됩니다. 따라서 블로거에게 손해 배상 책임을 지도록 할 수 있어요.

8 유튜버가 되고 싶었을 뿐인데 범죄자라니?!

지민이는 꿈이 영화감독인 만큼 영화 보는 것을 너무 좋아해요. 다양한 영화를 보고, 친구들이나 가족들에게 추천하는 것도 좋아하지요. 그래서 최근에는 '영화 추천'을 주제로 하는 유튜브 채널을 시작했어요. 지민이가 봤던 영화 중 좋았던 것을 골라 사람들에게 소개하는 거예요. 영화의 몇몇 장면을 편집해 줄거리를 알려 주는 게 영상의 특징이에요. '초등학생이 소개하는 인생 영화'로 꽤 유명해진 지민이는 앞으로 더 많은 영상을 만들어 올려야겠다고 다짐했어요. 그런데 요즘, 지민이의 채널 영상에 동일한 내용의 댓글이 많이 달리기 시작했어요.

지민이는 댓글에서 사람들이 말하는 내용을 이해하지 못했어요. 한 번도 '저작권법'에 대해 들어 본 적이 없었거든요. 하지만 댓글의 분위기로 봐선, 왠지 자신이 잘못한 것만 같았죠. 지민이는 자기와 같은 주제로 채널을 운영하는 다른 유튜버의 영상도 찾아봤어요. 그 영상들에도 역시 '저작권법'에 대한 댓글이 많이 달려 있었어요. 저작권법은 뭘까요? 또, 지민이가 이렇게 영상을 올리는 건 정말 법을 어기는 일일까요?

영화를 편집해 유튜브에 올린 지민이, 댓글에서 말하는 것처럼 저작권법을 위반한 걸까요?

 **변호사 선생님, 알려 주세요!**

지민이가 자신이 재미있게 본 영화를 친구들에게 소개한다면 그건 좋은 취미이고 일상적인 일이에요. 그런데 그 영화에 대한 영상을 만들어서 모두에게 공개하는 경우 약간 복잡한 문제가 생겨요. 우리는 영화, 음악, 소설, 미술 작품 등을 **저작물**이라고 말해요. 이 저작물은 아무나 마음대로 사용할 수 없어요. 법이 그걸 처음 만든 사람에게 **저작권**을 인정해 주고 있기 때문이에요.

집, 자동차 등 우리가 소유하는 것에는 '소유권자'가 따로 있어요. 그렇기 때문에 아무나 남의 집이나 자동차를 허락 없이 사용할 수 없지요. 남의 허락 없이 소유물을 사용하는 게 소유권을 침해하는 일인 것처럼 **허락 없이 저작물을 사용하면 저작권을 침해하는 게 돼요.**

그런데 저작권을 침해하는 것과 소유권을 침해하는 것은 그 효과에 있어 차이점이 있어요. 눈에 보이는 물건인 소유물은 한 사람이 쓰는 동안 다른 사람이 쓸 수가 없지만, 저작물은 그게 아니에요. 동시에 많은 사람이 사용하더라도 특별히 저작권자에게 방해가 되는 것은 아니거든요.

지민이가 영화 소개 영상을 만들어 올린 건 오히려 그 영화를 홍보하는 효과가 있어 저작권자가 허락해 줄 가능성이 있어요. 하지만 한편으로 많은 사람이 허락 없이 영화와 관련된 영상을 만들 경우, 실제로 영화를 돈 주고 보는 관객들이 없어져 저작권자가 수익을 올릴 기회를 잃을 수도 있지요. 특히 영화 내용이 너무 상세하게 설명되어 있거나 스포일러가 많이 포함되어 있으면 영화사에서는 관객을 많이 잃을 수 있어요. 이런 경우라면 저작권자가 고소할 가능성이 크고, 유튜버는 저작권 침해로 처벌받고 손해도 배상해야 해요.

기억해요, 한 줄 법 이야기!

저작권자의 정당한 권리를 존중해 주세요!

저작권 침해에도 여러 가지 형태가 있어요. 지민이처럼 단순히 저작권자의 허락 없이 저작물을 사용하는 경우도 있지만, 자기 작품인 것처럼 표절하거나 불법으로 다운로드 혹은 복제하는 경우 모두 저작권 침해에 속해요. 지민이처럼 유튜브에 영화를 홍보하면서 영상을 이용한 정도라면 저작권 문제를 비교적 쉽게 해결할 수도 있어요. 수익을 공유하는 방법으로 저작권자와 협의하는 거지요. 하지만 표절이나 불법 다운로드 같은 경우에는 저작권자가 벌어들일 수 있는 수익을 아예 뺏는 거예요. 따라서 손해도 크고 침해 의도도 악의적이라고 볼 수 있어요. 이 경우는 저작권자가 법원에 손해 배상 소송을 제기하거나 형사 처벌을 구하면서 고소할 가능성이 커요.

법전 펼쳐 보기 ▼

저작권법 제136조(벌칙)
① 다음 각 호의 어느 하나에 해당하는 자는 5년 이하의 징역 또는 5천만 원 이하의 벌금에 처하거나 이를 병과할 수 있다.
  1. 저작재산권, 그 밖에 이 법에 따라 보호되는 재산적 권리를 복제, 공연, 공중송신, 전시, 배포, 대여, 2차적저작물 작성의 방법으로 침해한 자
  (후략)

참고해요, 실제 사례!

EBS에서 만들어 낸 펭귄 캐릭터 펭수는 2019년부터 2020년 사이에 엄청난 인기를 얻었어요. 펭수를 주인공으로 한 〈자이언트 펭TV〉라는 유튜브 채널 구독자 수가 130만 명을 돌파할 정도였으니까요. 그런데 펭수가 너무 유명해지자, 여기저기서 펭수 캐릭터로 상품을 만들어 판매하고 또 무단으로 영상을 만들어 올리는 일이 잦아졌어요. 캐릭터의 저작권은 EBS 측에 있는데, EBS의 동의 없이 온갖 상품과 영상들을 만들어 낸 거였지요. 이에 EBS 측은 저작권 침해에 관하여 해당 판매자들과 유튜버들에게 경고하였고, 이후에도 달라지는 게 없으면 법적으로 대처할 예정이라고 선언했어요. 펭수의 팬들은 적극적으로 저작권 위반 사례를 찾아내 EBS 측에 보고했어요.

2020년 5월, 결국 EBS는 펭수를 활용하여 불법 상품을 판매하고 유통한 업체 두 곳을 저작권법 위반 혐의로 고소했답니다.

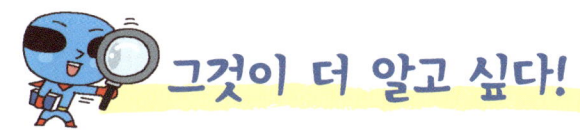

Q. 오래 전 사망한 음악가가 작곡한 곡을 영상의 배경 음악으로 썼을 때도 저작권 침해가 되나요?

저작권은 저작자의 사망 후 70년 동안 보장되고 있어요. 그래서 오래 전 사망한 모차르트나 베토벤의 작품에는 저작권이 없어요. 하지만 모차르트나 베토벤의 작품을 누군가 연주했다면, 그 연주자에게 저작권이 생겨요. 연주자가 아직 살아 있거나 사망한 지 70년이 지나지 않았다면 그 연주자의 허락 없이 음악을 쓸 수 없어요. 음악을 쓰게 되면 저작권 침해가 되는 거랍니다.

9 타인의 자유, 나의 자유만큼 중요하다.

"어, 너 김현우 아니야?"

세형이네 반에 현우가 전학을 왔어요. 세형이와 현우는 예전에 같은 동네의 같은 학교에 다녔어요. 그때 현우는 몸이 약해서 일주일에 두세 번은 결석했고 그러다 보니 친구도 없이 조용히 학교에 다녔어요. 세형이는 친구들과 같이 그런 현우를 놀리면서 괴롭혔어요. 현우는 한마디도 못 하고 괴롭힘을 당했었지요. 그랬던 현우가 전학을 오자, 세형이는 속으로 매우 잘됐다고 생각했어요. 그동안 놀릴 사람이 없어서 학교생활이 꽤 심심하던 참이었거든요. 이제부터는 현우에게 숙제도 시키고, 여러 가지 심부름도 시킬 생각이었어요.

야, 김현우! 이제부터 내 숙제는 네가 하는 거야.

왜 내가 네 숙제를 해야 해?

너 옛날 생각 안 나? 어땠었는지 애들한테 다 말해?!

넌 조금도 안 변했구나. 미안하지만 난 그때의 내가 아니야. 강요죄로 범죄자 되고 싶지 않으면 이쯤에서 그만둬.

현우는 매서운 눈빛으로 세형이를 바라보았어요. 세형이는 순간 움찔했어요. 더는 자신이 놀리면 아무 말도 못 하고 가만히 있던 현우가 아니었어요. 함부로 대하면 큰일 날 것 같이 굳센 아이가 자기 앞에 서 있었거든요. 그리고 세형이와 현우의 대화를 듣고 있던 반 아이들도 세형이를 이상하게 보고 있었어요.

세형이는 현우가 예전과 달리 자기가 시키는 대로 하지 않는 걸 보고 화가 났어요. 그리고 범죄자라니요? 숙제를 시켰을 뿐인데 자신을 범죄자로 몰아가는 것도 이해가 가지 않았어요.

현우에게 숙제를 시킨 세형이의 행동이 죄가 될 수 있나요?

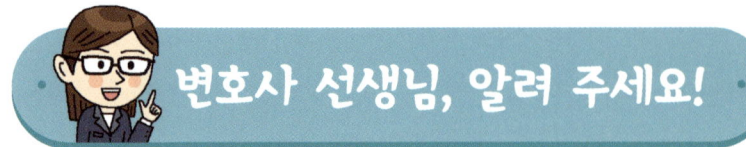

변호사 선생님, 알려 주세요!

　세형이처럼 남의 약점을 이용해서 의무 없는 일을 시키는 것은 도덕적으로 매우 나쁜 행동이에요. 그리고 그 정도가 선을 넘으면 때로 형법상 처벌을 받는 범죄가 될 수도 있어요. 세형이는 현우의 약점이 될 수 있는 과거 이야기를 하며 현우에게 의무가 없는 일을 하도록 협박했어요. 만약 현우가 세형이의 협박으로 억지로 숙제를 대신 했다면 어떨까요? 이런 경우 세형이는 형법에서 **강요죄**라고 정하고 있는 명백한 죄를 저지른 거예요. 단순히 도덕적인 잘못에 그치지 않고 형법 위반으로 넘어가는 거지요. 초등학생인 세형이는 **형사 미성년자**기 때문에 처벌을 받진 않을 거예요. 하지만 세형이가 14세 이상 청소년만 되더라도 범죄를 저지른 것에 대해 재판을 받고 처벌을 받을 수도 있어요. 14세 미만이라도 10세 이상이라면 **촉법소년**이라고 해서 가정법원에서 소년보호재판을 받고 **보호처분**을 받을 수도 있고요.

자세한 설명은 85쪽을 참고하세요!

자세한 설명은 90쪽을 참고하세요!

기억해요, 한 줄 법 이야기!

남이 하기 싫은 일을 정당한 이유 없이 억지로 하게 만드는 건 상대방의 마음에 가하는 폭력이에요.

법 사전 펼쳐 보기 ▼

형법 제324조(강요)
폭행 또는 협박으로 사람의 권리 행사를 방해하거나 의무 없는 일을 하게 한 자는 5년 이하의 징역 또는 3천만 원 이하의 벌금에 처한다.

참고해요, 실제 사례!

연예인 미남 씨(가명)가 조직폭력배인 기수 씨(가명)로부터 '일본 팬미팅 공연을 하지 않으면 안 좋은 일이 있을 것'이라고 협박을 받은 사건이 있었어요. 당시 기수 씨는 어느 일본 기획사와 친분이 있었어요. 일본 기획사 쪽에서 기수 씨에게 "미남 씨가 일본에서 팬미팅을 하기로 해 놓고 하지 않았다. 힘써 달라."라고 부탁하자, 기수 씨는 지속적으로 미남 씨에게 협박 연락을 했어요. 그리고 결국 고소를 당했습니다.

그런데 법원은 기수 씨에게 강요죄에 대해서는 무죄를 선고했어요. 법원은 당시 '기수 씨는 미남 씨가 계약상 팬미팅 공연을 할 의무가 있다고 확신한 상태'라고 말했어요. 미남 씨에게 마땅히 의무가 있는 일로 강요했기 때문에 고의가 없다고 판단한 거예요.

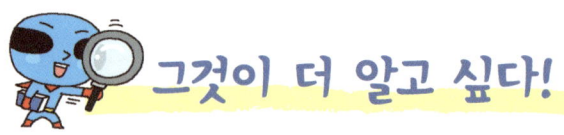

그것이 더 알고 싶다!

Q. '고의'가 무엇인가요?

어떤 행위를 알면서 하는 것과 모르고 하는 건 하늘과 땅 차이예요. 법에 위반되는 행위를 알면서 의도적으로 하는 것을 <u>고의</u>라고 하고 의도 없이 부주의로 행하는 것을 <u>과실</u>이라고 합니다. 걷다가 지나가는 사람을 못 보고 부딪혀서 다치게 했을 때는 <u>과실치상죄</u>가 되지만, 친구와 다투다가 주먹으로 때려 피가 나게 했다면 <u>고의에 의한 상해죄</u>가 돼요. 과실치상죄는 벌금형이지만 상해죄는 징역형을 받을 수도 있어요. 한편 자동차 운전자가 실수로 사람을 다치게 했을 때는 '업무상 과실'이라고 해서 중대한 과실과 같이 취급해요. 이때는 단순한 과실치상죄보다 더 무거운 벌을 받습니다.

Q. '촉법소년'은 무슨 말인가요?

14세 미만의 어린이와 청소년은 '형사 미성년자'로 범죄를 저지르더라도 처벌을 받지 않아요. 하지만 보호처분의 대상이 될 수 있어요. 보호처분은 죄를 지었거나 그럴 우려가 있는 소년을 바른길로 이끌어 주기 위해 행해지는 처분을 말해요. 보호처분의 대상이 되는 청소년 중 '촉법소년'은 **형법을 위반한 10세 이상 14세 미만의 어린이**를 말해요. 촉법소년은 보호처분에 따라 비행 청소년을 교육하는 소년원에 가게 될 수도 있어요.

하지만 최근 들어 죄를 저지른 촉법소년을 벌하는 수위가 약하다는 의견이 많아지고 있어요. 무거운 범죄를 저지르는 청소년이 많아지고 있기 때문이에요. 한편으로는 청소년은 아직 자신의 행동에 대해 책임질 만한 능력이 없다고 보는 시선도 있어서 소년법 개정에 대한 의견이 분분하답니다.

1 우리가 꼭 지켜야 할 법

10 학교 폭력의 수렁에 빠진 아이들

요즘 따라 이모가 사촌 언니인 은별 언니를 데리고 세나의 집에 자주 오고 있어요. 최근에 은별 언니에게 일어난 나쁜 일 때문이래요. 은별 언니는 중학교에 입학한 올해, 같이 다니던 친구들과 사이가 나빠져 집단 따돌림을 당했대요.

모든 건 오해로부터 시작되었어요. 음악 시간은 은별 언니가 듣는 수업 중 유일하게 출석 체크를 하지 않는 시간이었어요. 수업이 지루했던 은별 언니의 친구들은 "우리 오늘만 수업 빠지고 놀러 갔다 오자!"라는 한 언니의 말에 그러기로 모두 약속했어요. 그런데 은별 언니는 겁이 나서 수업을 빠지지 않고 그대로 교실에 남아 있게 되었어요. 그런데 하필 그날, 어떤 이유에서인지 음악 선생님이 출석 확인을 하셨대요. 그러다 은별 언니 친구들이 자리에 없는 게 발견되었지요. 그 후 다시 학교로 돌아온 은별 언니의 친구들은 당연히 선생

님께 엄청나게 혼이 나고, 반성문을 써야 했어요. 그런데 그 친구들은 이 모든 걸 은별 언니의 탓으로 돌렸어요.

"네가 우리 나간 거 말했어? 갑자기 출석 체크를 할 리가 없잖아."
"너만 빠지면 되지, 왜 우리까지 일러서 일을 크게 만들어?"

언니는 너무 억울하고 당황해서, 자기가 그런 게 아니라고 여러 번 말했어요. 하지만 친구들의 오해는 풀리지 않았고 그때부터 따돌림이 시작됐어요. 그런데 따돌림을 넘어서, 그 친구들은 은별 언니를 툭툭 치고 지나가고, 언니의 책상에 낙서하고, 욕을 하고, 말도 안 되는 나쁜 소문을 퍼뜨렸대요. 그리고 얼마 전에는 은별 언니를 때리기까지 했대요.

은별 언니는 처음에 이모와 이모부에게 아무 말도 하지 않았대요. 그러다 계속 학교에 가지 않겠다고 고집부리는 언니를 다그치면서 알게 되신 거예요. 이모와 이모부는 너무 속상하고 화가 나서 은별 언니를 괴롭힌 친구들을 벌하고 싶다고 하셨어요.

세나는 친구들끼리 정신적으로, 또 신체적으로 아픔을 주는 행동을 왜 하는지 이해가 가지 않았어요. 늘 세나에게 잘해 주고 아주 착했던 은별 언니가 아픈 모습을 보고 너무 슬프기도 했어요. 나쁜 친구들 때문에 아주 큰 피해를 본 은별 언니, 그 사람들을 벌할 방법이 있을까요?

<u>학교 폭력의 피해자가 된 은별 언니, 어떻게 도움을 받을 수 있나요?</u>

1 우리가 꼭 지켜야 할 법

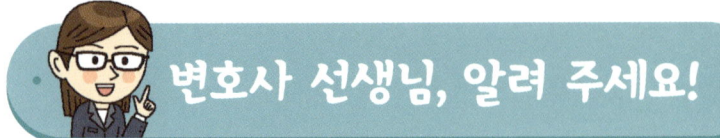

우선 은별이가 그동안 겪었을 마음고생을 생각하면 너무 안타깝고, 부모님도 아주 속상하실 것 같아요. 하지만 은별이의 용기로 이제 부모님이 알게 되셨으니, 하나씩 해결해 나갈 수 있어요. 우선 은별이와 부모님은 이 사실을 담임 선생님께 알려야 해요. 선생님을 통해 사실 관계를 확인하고 정리하면서 함께 대책을 세우는 것이지요. 이때 '학교 폭력 대책 심의 위원회'가 열릴 수 있어요.

학교 폭력 대책 심의 위원회에서 피해자를 괴롭힌 가해 사실이 확인되면 그 내용이 학교생활 기록부에 남게 돼요. 가해 학생들로서는 처벌받는 거나 다름없는 불이익을 받게 되지요. 또 폭력의 정도가 심각해서 범죄 수준이 될 경우에는 경찰이 개입될 수 있어요. 이때 가해 학생이 10세 이상 14세 미만 청소년이라면 소년법에 따라 촉법소년으로 분류되어 사회봉사 명령이나 소년부 송치라는 형벌과 다름없는 보호처분을 받을 수도 있어요.

그런데 이렇게 가해 학생에 대한 징계 절차가 진행되는 것도 시간이 걸리기 때문에 그동안에 가해 행위가 지속될 수 있어요. 그래서 학교 폭력 예방법 제16조에서는 '학교장은 지체 없이 가해 학생과 피해 학생을 분리해야 한다'고 정하고 있어요.

은별이가 오랫동안 학교 폭력에 시달린 원인으로는 교실 환경도 있을 수 있어요. 아무도 은별이가 당하는 일을 말리지 않고 또 나서지 않는 분위기라면 폭력이 묵인되고 지속될 수밖에 없거든요. 학교 폭력을 없애기 위해서는 주변 친구들의 관심과 용기가 꼭 필요해요.

 기억해요, 한 줄 법 이야기!

어떤 이유로든 먼저 시작하는 폭행은 정당할 수 없어요.

흔히 폭행하면서 '정당방위'였다고 주장하는 경우가 있어요. 정당방위는 '자기 또는 타인에게 가해진 현재의 급박하고 부당한 침해를 막기 위한 행위로써 타당한 이유가 있는 때에는 벌하지 않는다'라고 형법 제21조에 정하고 있어요. 즉 현재의 부당한 침해로 인한 어쩔 수 없는 방어 행위여야 정당방위로 인정되는 거지요. 그렇기 때문에 과거에 있었던 일이나 곧 있을 것으로 예상되는 침해를 이유로 폭행한 경우는 정당방위가 아니에요. 복수를 위한 혹은 예방을 위한 방법으로 행한 폭행도 정당방위가 아니라는 뜻이에요.

폭행이 나쁘다는 것, 그 어떤 이유로도 정당화될 수 없다는 것을 다 같이 인식하는 분위기를 함께 만들어야 해요. 폭행은 피해자뿐 아니라 피해자의 가족, 그리고 심지어 가해자의 삶의 질마저도 크게 떨어뜨리는 해악이라는 인식이 필요합니다.

 기억해요, 한 줄 법 이야기!

법전 펼쳐보기 ▼

학교 폭력 예방법 제16조(피해 학생의 보호)

① 심의 위원회는 피해 학생의 보호를 위하여 필요하다고 인정하는 때에는 피해 학생에 대하여 다음 각 호의 어느 하나에 해당하는 조치(수 개의 조치를 동시에 부과하는 경우를 포함한다)를 할 것을 교육장에게 요청할 수 있다. 다만, 학교의 장은 학교 폭력 사건을 인지한 경우 피해 학생의 반대 의사 등 대통령령이 정하는 특별한 사정이 없으면 지체 없이 가해자와 피해 학생을 분리하여야 하며, 피해 학생이 긴급 보호를 요청하는 경우에는 제1호, 제2호 및 제6호의 조치를 취할 수 있다. 이 경우 학교의 장은 심의 위원회에 즉시 보고하여야 한다.

1. 학내외 전문가에 의한 심리 상담 및 조언
2. 일시 보호
3. 치료 및 치료를 위한 요양
4. 학급 교체
5. 삭제〈2012. 3. 21〉
6. 그 밖에 피해 학생의 보호를 위하여 필요한 조치

소년법 제32조(보호처분의 결정)

① 소년부 판사는 심리 결과 보호처분을 할 필요가 있다고 인정하면 결정으로써 다음 각 호의 어느 하나에 해당되는 처분을 하여야 한다.

1. 보호자 또는 보호자를 대신하여 소년을 보호할 수 있는 자에게 감호 위탁
2. 수강 명령
3. 사회봉사 명령
4. 보호관찰관의 단기 보호관찰
5. 보호관찰관의 장기 보호관찰
6. 「아동복지법」에 따른 아동복지시설이나 그 밖의 소년보호시설에 감호 위탁
7. 병원, 요양소 또는 「보호소년 등의 처우에 관한 법률」에 따른 의료재활소년원에 위탁
8. 1개월 이내의 소년원 송치
9. 단기 소년원 송치
10. 장기 소년원 송치

참고해요, 실제 사례!

2017년 8월, 고등학생 K 양이 학교 폭력 가해자로 지목되는 일이 발생했어요. 사건의 발단은 전 남자 친구인 B 군에 대해 본인의 SNS에 올린 글이었어요. K 양은 B 군이 자신의 남자 친구였을 때 L 양과 둘이서 몰래 밥을 먹었다는 이야기를 전해 들었어요. 여기에 화난 K 양은 SNS에 이런 말을 적었어요.

 ○○○

그럴 거면 그냥 걔랑 사귀지. 진짜 생각할수록 짜증 나.
따로 만난 게 한두 번이 아니라잖아? 둘 다 진짜 별로다.

2017년 08월 14일 · 12:58 오전

42 리트윗 52 관심글

다음 날, 이 글을 보게 된 L 양의 부모는 K 양의 글이 학교 폭력에 해당한다며 학교에 신고했어요. 학교 폭력 대책 자치 위원회에서는 "K 양은 본인이 B 군과 헤어진 원인이 L 양인 듯 허위로 유포했고, L 양에게 정신적 피해를 주었다."라며 징계 처분을 내렸어요. 하지만 K 양의 부모는 이를 부당하다고 느꼈고, 곧바로 법적 대응에 나섰어요. 재판부는 학교의 판단과 달리 "K 양의 글에서 말하는 대상이 특정되지 않았고, 개인적인 분노의 표현을 넘어선 고의적 허위 사실 유포나 따돌림의 의도도 없어 보인다."며 징계를 취소하라고 판결했어요.

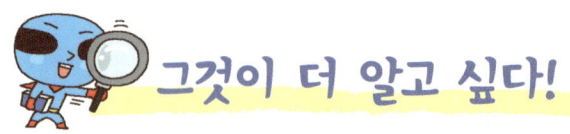 그것이 더 알고 싶다!

Q. **때리는 것만 학교 폭력인 줄 알았어요. 학교 폭력의 유형에는 어떤 게 있나요?**

'학교 폭력'의 개념을 알려 줄게요. *학교 폭력이란 학교 내에서 학생을 대상으로 일어난 상해, 폭행, 감금, 협박, 약취·유인, 명예훼손·모욕, 공갈, 강요·강제적인 심부름 및 성폭력, 따돌림, 사이버 따돌림, 정보 통신망을 이용한 음란 폭력 정보 등에 의하여 신체, 정신 또는 재산상의 피해를 주는 모든 행위를 의미해요.

이중 흔히 '왕따'라 불리는 '따돌림'이란 학교 내외에서 2명 이상의 학생들이 특정인이나 특정 집단의 학생들을 대상으로 지속적이거나 반복적인 신체적 또는 심리적 공격을 가하여 상대방이 고통을 느끼도록 하는 모든 행위를 말해요. 그리고 '사이버 따돌림'이란 인터넷, 핸드폰 등 정보 통신 기기를 이용해 특정 학생들을 대상으로 지속적이거나 반복적으로 심리적 공격을 가하거나, 특정 학생과 관련된 개인 정보 또는 허위 사실을 유포하여 상대방이 고통을 느끼도록 하는 모든 행위를 말해요.

참고 자료 *학교 폭력 예방법 제2조 '학교 폭력' 등에 대한 정의.

Q. **학교 폭력 가해자로 지목되어 징계를 받았는데 학교 생활 기록부에 기재될 것 같아요. 직접적으로 괴롭힌 사람은 제 친구고, 저는 그 옆에 주로 서 있기만 했어요. 생활 기록부에 기록되면 여러 가지 불이익이 너무 큰데, 막을 방법이 없을까요?**

학교 폭력은 절대 일어나서는 안 되는 일이에요. 직접적으로 괴롭히는 것도, 옆에서 방관하는 것도 모두 옳지 않은 행위지요. 가해에 가담했을 경우 여러 가지 불이익을 생각하기에 앞서 진심으로 반성하고 피해 학생에게 사과하는 것이 먼저예요.

자신에게 내려진 징계가 부당하다고 느낀다면 징계 처분 취소를 위한 소송을 법원에 요구할 수는 있어요. 그리고 경미한 폭력인 경우 1회까지는 학교 생활 기록부에 기재하지 않아도 되는 것으로 최근에 법이 개정되었어요. 다만, 피해 학생에게 직접적으로 사과해야 하고, 피해 학생과 신고한 학생에 대한 접촉·협박·보복 행위가 금지되며, 교내 봉사 조치를 행해야 한다는 조건이 붙어요. 그리고 그 후 또다시 학교 폭력을 저지르면 그 사실은 물론이고 이전에 기록하지 않았던 가해 사실까지 전부 학생부에 기재하게 돼요. 따라서 한 번 학교 폭력의 경험이 있다면 다시는 되풀이해서는 안 돼요.

계약과 민법

공정 거래 위원회 표준 계약

소비자기본법

미성년자 법률 행위와 취소

아동학대

폭행과 협박

온라인 성범죄

식품위생법

셧다운제 폐지와 헌법 소원

환경법

국제법

우리를 지켜 주는 법

11 법 세상, 모든 일은 계약으로 통한다.

"오늘 계약 잘했어요?"

아빠가 퇴근 후 집에 들어오시자마자 엄마에게 물어보셨어요. 평소에는 현지를 먼저 찾아와 "현지 오늘 뭐 했니? 뭐 배웠니?"부터 물으셨던 아빠가 오늘은 '계약'이라는 어려운 말을 꺼내시며 싱글벙글한 표정으로 엄마한테 먼저 말을 거셨어요.

"네! 계약금 바로 은행으로 송금했고, 이제 두 달 뒤에 나머지 금액만 지불하면 드디어 우리 집이 생기는 거예요!"

'응? 우리 집이 드디어 생긴다고?'

현지는 아기 때부터 지금까지 쭉 살고 있던 집이 자기 집이 아니라는 사실에 깜짝 놀랐어요.

 엄마! 그럼 지금 이 집은 우리 집이 아니고 누구 집이에요?

 아, 이 집의 주인은 따로 있어. 우리는 집주인에게 돈을 주고 몇 년 동안 살겠다는 계약을 맺어서 사는 거야.

엄마는 또 '계약'이라는 어려운 단어를 말씀하셨어요.

 아빠 말씀으로는 오늘도 또 무슨 계약을 하셨다면서요?

 아, 오늘은 우리가 이사할 새집을 사는 '매매 계약'을 했어! 지금까지 이 집의 주인과 한 계약은 '전세 계약'이었거든.

현지는 그동안 집주인도 아닌 우리 가족을 이 집에 살 수 있게 해 준 '전세 계약'이 도대체 어떤 것인지, 그리고 새집을 사는 '매매 계약'이란 것은 무엇인지 너무 궁금했어요.

계약에 대해서 자세히 알려 주세요!

계약이라는 단어가 아직 여러분에게는 어려운 말일 수 있어요. 계약과 비슷한 말 중 여러분에게 가장 익숙한 단어는 '약속'이에요. 약속이란, 다른 사람과 함께 자기가 할 행동을 미리 정하고 그것을 꼭 지키기로 하는 거예요. 이때 상대방은 그 약속을 믿고 자신이 할 행동을 정해요. 만일 내가 약속을 지키지 않으면 상대방은 그 약속을 믿은 대가로 피해를 볼 수 있어요. 누군가 한 번 약속을 어기는 건 상대방이 피해를 보는 데에 그치겠지만 여러 번 약속을 어기면 그 사람에 대한 믿음이 없어져요. 아무도 그 사람과는 미래를 정하는 약속을 안 할 테니까요.

한편 계약이란 건 법적으로 힘을 가진 약속이에요. 약속을 어긴 건 도덕적으로는 문제가 되어도 벌을 받거나 피해자에게 보상할 의무는 없어요. 하지만 계약을 어길 시에는 법적으로 피해자에게 보상해 주어야 해요. 그래서 사람들은 모두 신중하게 계약을 하지요.

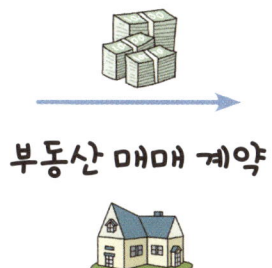

계약에는 여러 종류가 있어요. 현지네 가족은 그중 누군가와 집을 사고파는 계약을 한 거고요. 집을 팔려는 어떤 사람한테 집값에 해당하는 돈을 주고, 그 사람으로부터 집을 받는 내용의 '부동산❶ 매매 계약'을 한 거예요.

기억해요, 한 줄 법 이야기!

법 세상에서 계약은 반드시 필요해요.

법 세상에서 '계약'은 정말 중요한 요소예요. 계약이 없다면 일상생활이 거의 불가능할 정도지요. 어른들이 매일 회사에 출근하는 것도 '고용 계약'을 했기 때문이고, 우리가 물건을 살 수 있는 것도 '매매 계약'에 따른 것이에요. 우리가 재미있게 보는 영화에서 배우들이 연기하는 것 역시 영화 제작자와 배우가 '출연 계약'을 했기 때문이지요. 현대 사회에서는 자유와 재산에 대한 권리가 모두 개인에게 인정되기 때문에 계약이 더더욱 중요하답니다.

법전 펼쳐 보기 ▼

민법 제563조 (매매의 의의)
매매는 당사자 일방이 재산권을 상대방에게 이전할 것을 약정하고 상대방이 그 대금을 지급할 것을 약정함으로써 그 효력이 생긴다.

민법 제390조 (채무 불이행과 손해 배상)
채무자가 채무의 내용에 좇은 이행을 하지 아니한 때에는 채권자는 손해 배상을 청구할 수 있다. 그러나 채무자의 고의나 과실 없이 이행할 수 없게 된 때에는 그러하지 아니하다.

❶ **부동산** 집이나 땅처럼 움직이지 않는 재산. 가구, 자동차 등 움직이는 재산은 동산이라 함.

참고해요, 실제 사례!

　2019년, 세계적인 축구 선수 크리스티아누 호날두가 속한 축구팀 유벤투스가 한국을 방문했어요. 팀 K리그와 유벤투스의 친선 경기를 위해서였지요. 당시 경기를 주최한 회사는 친선 경기를 홍보하면서 호날두가 출전할 것이라고 광고했어요. 많은 관중은 이것을 믿고 입장권을 구매했지요. 하지만 약속과 다르게 이날 호날두는 경기에 출전하지 않았어요. 이에 분노한 관중들은 경기를 주최했던 회사에 소송을 제기했어요. 광고한 것과 달리 호날두가 나오지 않았으니 입장료를 돌려 달라는 손해 배상 소송이었지요. 이에 재판부는 "피고(주최 회사) 측은 호날두 출전 내용을 광고했고, 원고(관중)는 이 내용을 믿고 입장권을 구매한 것으로 보이므로 호날두를 출전 시켜 경기를 제공할 계약상의 의무가 있었다고 본다."라고 하며 "호날두는 계약 내용을 불완전하게 이행했고, 피고는 이로 인한 손해를 배상할 의무가 있다."라고 밝혔어요. 그리고 손해 배상액은 경기가 정상적으로 진행된 점 등을 고려해 입장권 구매 금액의 60%가 적당하다고 판결했어요.

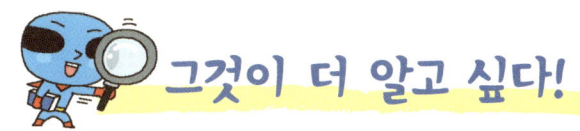

그것이 더 알고 싶다!

Q. 집주인이 아닌데도 그 집에서 살 수 있게 하는 '전세 계약'이 뭔가요?

집주인은 자기 집을 마음대로 사용할 수 있어요. 본인이 직접 거주할 수 있고, 집을 이용해서 이익을 얻을 수도 있어요. 이렇게 물건을 온전히 사용하고 지배할 수 있는 권리가 바로 '소유권'이에요. 이런 소유권을 가진 집주인은 자기가 그 집에 직접 살지 않고 집을 다른 사람에게 빌려줄 수 있어요. 그 대가로 돈을 받아서 이익을 얻는 거지요. 집을 빌려주면서 달마다 돈을 받으면 '월세 계약'을 했다고 말해요. 그리고 한꺼번에 '전세 보증금'이라는 비교적 큰돈을 받고 몇 년 단위로 계약하면 '전세 계약'을 했다고 말하지요. 전세 계약의 경우 계약 기간이 끝나 살던 사람이 나갈 때는 전세 보증금을 다시 돌려주어야 해요. 전세 보증금은 계약을 맺을 때 하나의 담보로 받는 돈이기 때문이에요.

12 아이돌 스타 계약의 속사정

"아무래도 안 되겠어. 더 이상 가만히 있을 수는 없어!"

늘 음원 차트 1위를 달리는 6인조 아이돌 그룹 '핵사고니아'의 리더 정근이(활동명 JG, 스무 살)는 심기가 불편했어요. 그룹 멤버들이 몇 번이나 불만을 표시했음에도 무리한 스케줄이 개선될 기미가 전혀 보이지 않았거든요.

3년 전 열일곱 살이었던 정근이가 데뷔를 일주일 앞둔 어느 날, 소속사 대표는 정근이에게 계약서를 새로 쓰자고 했어요. 원래 계약서에는 계약 기간

이 '데뷔일로부터 7년'으로 되어 있었는데, 데뷔 후 해외 진출까지 생각해 장기간의 계약이 필요하다는 말이었어요. 그래서 대표는 데뷔일로부터 15년으로 계약을 연장하자고 했고, 정근이는 고민 끝에 계약서에 서명했어요.

데뷔 직후부터 핵사고니아는 폭발적인 인기를 얻게 되었어요. 그 덕분에 소속사는 수천억 원의 매출을 올리게 되었고요. 오랜 꿈을 이룬 핵사고니아 멤버들은 한동안 아무 불만 없이 살인적인 스케줄을 버텨 냈어요. 하지만 시간이 지날수록 더해지는 소속사의 무리한 스케줄 요구와 기대보다 너무 적은 수익 배분에 멤버들의 불만이 커져갔고, 15년 계약은 부당하다고 판단했죠.

이대로 데뷔 15년이 될 때까지 이렇게 버텨야만 하는 건지, 정근이는 너무 불안했어요. 과연 정근이는 데뷔 15년이 되기 전에 이 소속사에서 벗어날 수 있을까요?

그룹 핵사고니아 멤버들은 계약에 따라 데뷔일로부터 15년 동안 지금 회사에 소속될 수밖에 없는 건가요?

변호사 선생님, 알려 주세요!

　만약 이런저런 이유로 계약서상 내용을 강제하는 것이 부당하거나 계약 내용에 흠이 있다면 이를 취소하거나 무효로 만들 수 있어요. 그렇지 않으면 부당한 계약 때문에 피해를 보는 경우가 생기니까요. 그래서 민법에는 "계약 내용이 사회 상규❷에 반하는 경우나 불공정한 경우에는 무효로 한다."는 조항이 있어요. 그리고 사기나 강요, 협박에 의해 맺어진 계약은 취소할 수도 있고요. 그러면 정근이의 전속 계약은 어떨까요? 계약 기간이 15년인데 그건 아이돌 가수에게는 지나치게 긴 것 같아요. 열일곱 살에 시작했는데 서른 살이 넘어서야 계약에서 벗어날 수 있으니까요.

❷ **상규** 널리 적용되는 규칙이나 규정.

그렇다고 해서 계약을 무조건 무효화한다면 회사 입장에서는 억울할 수 있어요. 왜냐하면 소속사에서는 연습생 시절부터 데뷔 후 성공할 때까지 회사 돈으로 투자하는 데다가 키우는 연습생들도 한둘이 아니잖아요. 그중 스타로 성장하는 연습생은 극히 소수인데 그들이 스타가 되었을 때 바로 좋은 조건을 제시하는 소속사로 옮겨 버리면 어떻게 될까요? 투자 비용을 회수할 기회가 전혀 없어지는 거지요.

그래서 아이돌 가수들의 전속 계약서는 나중에 분쟁이 될 소지가 없도록 '공정 거래 위원회'에서 만든 표준 계약서를 쓰고 있어요. 표준 계약서는 처음에 어떻게 계약 기간을 맺든 데뷔 후 7년이 경과하면 이를 해지할 수 있게 정하고 있어요. 즉, 정근이를 비롯한 핵사고니아 멤버들이 15년으로 계약했더라도 7년 후에는 이 계약을 해지할 수 있는 기회를 얻는 거죠. 그러면 소속사와 가수 둘 다 어느 정도 양보하는 것이니 한쪽만 억울하게 되는 경우는 피할 수 있게 되지요.

 기억해요, 한 줄 법 이야기!

아이돌 계약의 경우, 7년이 경과하면 해지할 수 있어요!

법전 펼쳐 보기 ▼

민법 제103조(반사회질서의 법률 행위)
선량한 풍속 기타 사회 질서에 위반한 사항을 내용으로 하는 법률 행위는 무효로 한다.

민법 제104조(불공정한 법률 행위)
당사자의 궁박, 경솔 또는 무경험으로 인하여 현저하게 공정을 잃은 법률 행위는 무효로 한다.

민법 제105조(임의 규정)
법률 행위의 당사자가 법령 중의 선량한 풍속 기타 사회 질서에 관계 없는 규정과 다른 의사를 표시한 때에는 그 의사에 의한다.

대중문화예술인(가수 중심) 표준전속계약서
제3조(계약 기간 및 갱신)
① 이 계약의 계약 기간은 ___년 ___월 ___일부터 ___년 ___월 ___일까지(___년 ___개월)로 한다.
② 제1항에 따른 계약 기간이 7년을 초과하여 정해진 경우, '가수'는 7년이 경과되면 언제든지 이 계약의 해지를 '기획업자'에게 통보할 수 있고, '기획업자'가 그 통보를 받은 날로부터 6개월이 경과하면 이 계약은 종료한다.

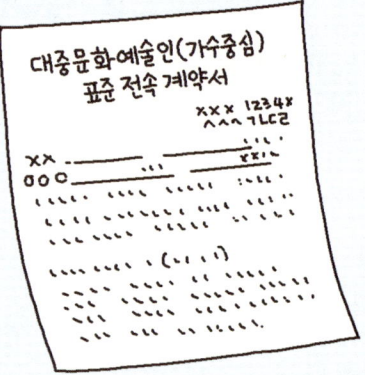

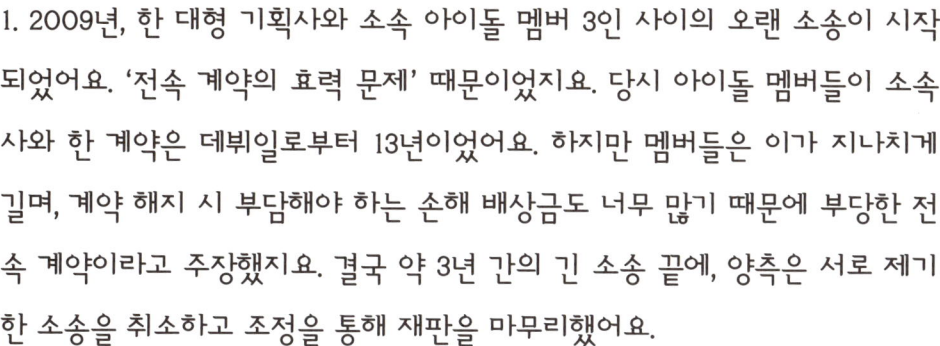

참고해요, 실제 사례!

1. 2009년, 한 대형 기획사와 소속 아이돌 멤버 3인 사이의 오랜 소송이 시작되었어요. '전속 계약의 효력 문제' 때문이었지요. 당시 아이돌 멤버들이 소속사와 한 계약은 데뷔일로부터 13년이었어요. 하지만 멤버들은 이가 지나치게 길며, 계약 해지 시 부담해야 하는 손해 배상금도 너무 많기 때문에 부당한 전속 계약이라고 주장했지요. 결국 약 3년 간의 긴 소송 끝에, 양측은 서로 제기한 소송을 취소하고 조정을 통해 재판을 마무리했어요.

2. 2019년, 아이돌 오디션을 통해 프로젝트 그룹으로 데뷔했던 A 씨가 전속 계약 무효를 이유로 소속사를 상대로 법원에 소송을 제기했어요. A 씨는 당시 중국에서도 활동을 했는데, 소속사가 A 씨의 중국 내 연예 활동 권한을 제3자인 다른 엔터테인먼트에 넘겼어요. 그런데 이를 A 씨와 A 씨 부모님에게 알리지 않았던 거예요. 이 때문에 A 씨와 소속사 간의 신뢰 관계는 무너지고, 계약 관계를 그대로 유지하기 어려운 점이 인정되어 A 씨가 소송에서 이기게 되었어요.

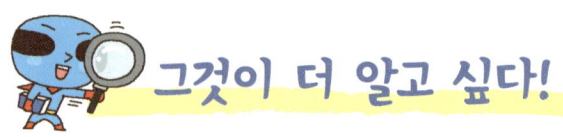 그것이 더 알고 싶다!

Q. 정근이가 새로운 계약서에 서명했을 때는 열일곱 살로 미성년자였는데, 그래도 계약이 유효한가요?

미성년자는 법정 대리인의 동의를 받아서 계약을 해야 해요. 부모님이 계시면 부모님이 법정 대리인이 되지요. 계약을 할 때 부모님의 동의가 없었다면 나중에 부모님이 그 사실을 알았을 때 취소할 수 있어요. 미성년자는 아직

 기억해요, 한 줄 법 이야기!

미성년자의 계약은 반드시 법정 대리인이 필요해요.

법전 펼쳐 보기 ▼

민법 제5조(미성년자의 능력)
① 미성년자가 법률 행위를 함에는 법정 대리인의 동의를 얻어야 한다.
② 전항의 규정에 위반한 행위는 취소할 수 있다.

무엇이 옳고 그른지 판단하는 사리 분별력이 부족하기 때문에, 법적으로 이를 보호하기 위한 조항이 있어요.

Q. 저는 아이돌을 좋아하는데, 다들 데뷔 7년 차만 되면 자꾸 해체를 해요. 계약과 관련이 있는 건가요?

많은 아이돌 그룹이 데뷔 7년을 넘기지 못하고 해체하는 경우가 많아요. 흔히 '아이돌 7년 차 징크스' 혹은 '아이돌 마의 7년'이라고 불리지요. 공정 거래 위원회에서 만든 표준 계약서는 데뷔 후 7년이 지나면 계약을 해지할 수 있도록 보장해 줘요. 이렇게 표준 계약서가 생기면서 모든 아이돌이 7년 차에 일차적으로 계약 만료를 하게 되는 거예요. 데뷔 7년 차쯤 되면 그룹의 인기가 예전만큼 못 한 경우가 있어요. 또 개개인이 아이돌 활동 외에 다른 걸 하고 싶은 욕심이 생기기도 해요. 이렇듯 여러 가지 이유로부터 계약 만료 시점인 7년 차에 많은 그룹이 해체하는 거예요.

반면 계속해서 승승장구하고 있거나, 기존 소속사와 원만한 합의가 이루어진 경우 재계약을 하기도 해요. 세계적인 케이팝 스타가 된 방탄소년단도 마의 7년을 견디고 소속사와 재계약한 경우예요.

더 이상 좋아하는 아이돌 그룹의 무대를 보지 못한다는 아쉬움이 있지만, 그래도 표준 계약서의 존재는 매우 중요해요. 그렇지 않으면 아이돌 가수에게 불공정한 계약이 이루어질 수도 있기 때문이에요.

13 이건 내가 원하던 그 물건이 아니라고!

학교가 끝나고, 아영이는 한껏 들뜬 기분으로 집을 향했어요. 며칠 전 온라인에서 주문한 아이돌 핵사고니아 오빠들의 굿즈가 오늘 도착한다고 했거든요. 신나게 집에 온 아영이는 도착해 있는 택배를 조심스럽게 뜯어 보았어요. 오빠들의 멋진 사진으로 만들어진 예쁜 키링과 포토 카드, 그리고 팔찌가 들어 있었어요. 아영이는 바로 가방에 키링을 달려고 했어요. 그런데 이게 무슨 일인가요? 자세히 보니 물건이 엉망으로 만들어져 있었어요. 특히 키링의 아크릴 부분에 심하게 금이 가 있었어요. 심지어 아크릴에 새겨진 그룹 이름도 틀린 상태였어요.

아영이는 너무 실망했어요. 후기를 제대로 읽지 않고 사 버린 자신을 원망하기도 했지만, 생각해 보니 이건 아영이의 탓이 아니었어요. 아영이는 눈물을 그치고 엄마의 도움을 받아 판매업자에게 전화해 보았어요.

 안녕하세요, 핵사고니아 오빠들 굿즈 받았는데 제품이 불량이어서요. 환불해 주셨으면 좋겠어요.

 고객님, 이미 저희가 발송 처리한 상품이기 때문에 교환이나 환불이 어렵습니다. 저희가 보낼 때는 멀쩡했는데 고객님 잘못으로 제품에 불량이 생긴 건 아닌가요?

 뭐라고요? 아니에요! 분명 불량인 채로 왔다고요!

 그건 저희가 확인할 수 없는 사항이라, 말씀드린 대로 교환이나 환불은 불가합니다. 저희 공지 사항에도 교환·환불은 어렵다고 써 있으니 확인해 주세요.

전화를 끊은 아영이는 머리끝까지 화가 났어요. 불량으로 온 제품인데 환불이 불가능하다니, 아영이는 어떻게 해야 할지 고민에 빠졌어요.

불량 제품을 받은 아영이,
아영이가 돈을 돌려받을 수 있는 방법은 없나요?

 **변호사 선생님, 알려 주세요!**

　인터넷 쇼핑몰에서 구매한 물품의 교환 및 환불은 '전자상거래 등에서의 소비자보호에 관한 법률'이라는 법에 따라 처리되고 있어요. 이 법 제17조에는 "통신 판매업자와 구매에 관한 계약을 한 소비자는 7일 이내에 해당 계약에 관한 철회 등을 할 수 있다."라고 되어 있어요. 그리고 제35조에는 "소비자에게 불리한 계약은 효력이 없다."라고 되어 있어요. 그렇기 때문에 구매 시 판매업자가 교환, 환불이 불가능하다고 미리 써 놓았더라도 이는 소비자에게 불리한 사항이기 때문에 아무런 효력이 없는 거예요. 그래서 아영이는 정당하게 계약을 철회하고 환불받을 수 있어요. 그리고 이렇게 소비자로서 피해를 보았을 때는 한국 소비자원 홈페이지에서 도움을 받을 수 있답니다.

www.kca.go.kr

아영이처럼 불량 상품을 받은 게 아니라, 오랜 시간 아예 상품을 받지 못하는 소비자들도 있어요. 이럴 때에도 당연히 계약을 해지하고 환불을 받을 수 있어요. 온라인 판매업자들은 전자상거래 등에서의 소비자보호에 관한 법률을 따라야 하기 때문에 보통 교환, 환불 시스템을 갖추고 있어요. 그러니 문제가 생겼을 경우 해당하는 고객 센터에 전화해서 환불을 요청하면 해결할 수 있답니다.

 기억해요, 한 줄 법 이야기!

법은 정의이자 상식이에요.

누군가가 아무 잘못 없이 피해를 보았다면 그 피해의 원인이 된 사람도 있을 거예요. 아마 이 사람은 정당한 이유 없이 이득을 봤겠지요. 이 사람은 피해자에게 그 이익을 돌려주거나 적어도 피해의 결과에 대한 책임은 져야 해요. 소비자를 보호하기 위한 법을 가만히 들여다보면 이렇게 양쪽의 입장을 적절히 고려해서 균형을 맞추려는 노력이 보인답니다.

법전 펼쳐보기 ▼

전자상거래 등에서의 소비자보호에 관한 법률 제17조(청약 철회 등)
① 통신 판매업자와 재화 등의 구매에 관한 계약을 체결한 소비자는 다음 각 호의 기간(거래 당사자가 다음 각 호의 기간보다 긴 기간으로 약정한 경우에는 그 기간을 말한다)이내에 해당 계약에 관한 청약 철회 등을 할 수 있다.
  1. 제13조 제2항에 따른 계약 내용에 관한 서면을 받은 날로부터 7일, 다만 그 서면을 받은 때보다 재화 등의 공급이 늦게 이루어진 경우에는 재화 등을 공급받거나 재화 등의 공급이 시작된 날로부터 7일

제 35조(소비자에게 불리한 계약의 금지)
제17조부터 제19조까지의 규정을 위반한 약정으로서 소비자에게 불리한 것은 효력이 없다.

참고해요, 실제 사례!

　기상 씨(가명)는 총 40여 차례의 사기 행위를 통해 약 520만 원을 챙긴 혐의로 기소되었어요. 기상 씨는 중고 물품 거래 사이트에 접속해 '백화점 상품권 47만 원어치를 37만 원에 판다'거나 '무선 이어폰을 판다'는 등의 글을 올린 뒤 돈만 받고 판매자에게 물건을 주지 않는 식의 범행을 저질렀어요. 기상 씨는 이전에도 사기죄로 징역을 살고 출소했으나 약 6개월 만에 다시 범죄 행위를 한 것으로 조사되었어요. 그래서 재판부는 '피고인은 수십 차례 인터넷에서 판매 사기를 저질러 죄질이 나쁘다'고 하면서 징역 1년 6개월의 실형을 선고했어요. 그리고 배상을 신청한 피해자들에게 10만 원씩 지급하라고 명령했어요.

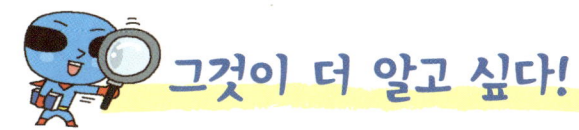 그것이 더 알고 싶다!

Q. 온라인에서 구매할 때, '교환·환불'이 어렵다고 분명 쓰여 있었어요. 그러면 제품에 문제가 있어도 교환·환불이 안 되는 건가요?

전자상거래 등에서의 소비자보호에 관한 법률 제35조는 제17조부터 제19조까지의 규정을 위반한 약정으로 소비자에게 불리한 것은 효력이 없다고 정하고 있어요. 제17조는 상품을 구매해서 받은 날로부터 7일 이내에는 청약을 철회할 수 있다고 되어 있는데, 이를 위반한 약정이 심지어 소비자에게 불리하다면 그건 효력이 없다는 것이죠. 그러니 결국 교환·환불이 어렵다는 문구가 있어도 7일 이내에 철회할 수 있는 거예요. 그리고 제품에 문제가 있다면 그것은 물품을 받는 날로부터 3개월 이내, 문제가 있다는 사실을 안 날 또는 알 수 있었던 날로부터 30일 이내에 청약 철회를 할 수 있어요.

 기억해요, 한 줄 법 이야기!

소비자는 법을 통해 보호받아요.

법전 펼쳐보기 ▼
전자상거래 등에서의 소비자보호에 관한 법률 제17조
③ 소비자는 제1항 및 제2항에도 불구하고 재화 등의 내용이 표시 광고의 내용과 다르거나 계약 내용과 다르게 이용된 경우에는 그 재화 등을 공급받은 날로부터 3개월 이내, 그 사실을 안 날 또는 알 수 있었던 날부터 30일 이내에 청약 철회 등을 할 수 있다.

14 하트 풍선을 너무 많이 보냈어요.

하영이는 모바일 방송 '아리TV'를 진행하는 아리의 엄청난 팬이에요. 아리가 입는 옷, 하는 운동, 먹는 음식 등을 모두 따라하고 싶을 정도로 아리를 좋아해요. 아리는 하영이뿐만 아니라 또래 친구들에게도 인기가 정말 많아서 쉬는 시간에 아리에 대해 떠들 때도 많아요. 그런데 오늘 학교에 갔다가 친구에게 이런 얘기를 들었어요.

하영아! 너 그거 들었어? 아리TV 오늘 방장 뽑는대! 방장되면 실제로 아리 언니 만날 수도 있대!

뭐!? 나 왜 몰랐지!? 어떻게 해야 방장 되는데?

너 팬 맞아?! 오늘 7시 라이브 방송에서 하트 풍선 제일 많이 보낸 사람이 방장 되는 거래. 근데 알지? 하트 풍선 하나당 1000원인 거. 우린 보내 봤자 소용없을 거야.

학원에 갔다 집으로 돌아온 하영이는 몰래 엄마의 핸드폰을 빼내 와 아리TV 라이브 방송을 틀었어요. 벌써 많은 사람이 접속해서 하트 풍선을 보내고 있었어요. 마음이 급해진 하영이는 본인이 방장이 되어야 한다는 마음에 발을 동동 굴렀어요. 그리고 결국 1위가 될 때까지 정신없이 하트 풍선을 보냈어요.

아뿔싸! 정신을 차렸을 때는 이미 수천만 원어치 하트 풍선을 보낸 뒤였어요. 그 돈은 핸드폰과 연결되어 있던 엄마의 통장 계좌에서 빠져나가고 말았지요. 결국, 엄마 아빠가 이 사실을 알게 되고, 온 집이 난리가 났어요. 하영이와 엄마 아빠 모두 이 일을 어떻게 해결해야 할지 고민에 빠졌어요.

> 하트 풍선을 사느라 하영이가 결제해 버린 돈,
> 다시 돌려받을 수는 없을까요?

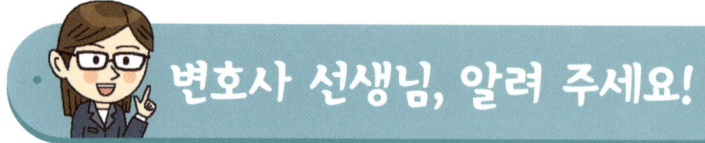

변호사 선생님, 알려 주세요!

 방장이 되고 싶은 마음에 엄마 핸드폰으로 수천만 원을 결제해 버린 하영이, 지금쯤 부모님께 많이 혼나고 두려움에 떨고 있겠네요. 자, 이제 이 일을 어떻게 해결해야 할지 차근차근 알려 줄게요.

98쪽을 참고하세요!

 여러분, **계약**에 대해서는 우리 배웠죠? 계약은 쉽게 말하면 약속과 같은 뜻이에요. 하지만 그냥 부모님이나 친구와 하는 가벼운 약속이 아니라 두 명 이상이 서로 지켜야 할 사항에 대해 **법적으로 약속**하는 거예요. 따라서 마음대로 쉽게 깰 수 없는 약속을 하는 것과 마찬가지예요. 이 수많은 계약 중에 어떤 물건을 돈 주고 사는 것을 **매매 계약**이라고 해요. 문구점에서 학용품을 사는 것, 슈퍼에서 과자를 사는 것 모두 매매 계약에 속하지요. 매매 계약 후 물건에 특별한 이상이 없다면 원칙적으로 구매자는 이 돈을 돌려받지 못해요.

하영이는 아리에게 하트 풍선을 보내느라 아리TV라는 회사에 돈을 지불했어요. 하영이가 하트 풍선을 구매한 것도 결국에는 계약이기 때문에 이미 낸 돈을 돌려받을 수는 없어요. 그러면 하영이네 가족은 하영이의 잘못으로 인해 수천만 원의 돈을 잃어버린 것이나 다름없는데, 이대로 괜찮냐고요?

다행히! **민법 제5조**에는 **미성년자가 부모의 동의 없이 계약한 경우에는 취소할 수 있다**는 조항이 있어요. 미성년자들은 돈에 관한 중요한 결정을 하기에 아직 어리다고 보아 실수를 바로잡을 기회를 주는 거예요. 휴, 정말 다행이죠? 하영이는 아직 미성년자이기 때문에 아리에게 보낸 하트 풍선에 대한 돈은 돌려받을 수 있겠네요.

하지만, 계약을 취소하고 돌려받는 과정은 아주 복잡하고 어려워요. 그러니 계약 전에는 반드시 신중해야 해요. 하영이가 이번 일로 깨달은 것도 많고, 알게 된 것도 많겠네요! 여러분도 절대 이런 일이 생기지 않도록 조심하세요!

2 우리를 지켜 주는 법

기억해요, 한 줄 법 이야기!

만 19세 미만의 미성년자가 부모 동의 없이 한 계약은 취소할 수 있어요!

법전 펼쳐 보기 ▼

민법 제5조(미성년자의 능력)
① 미성년자가 법률 행위를 함에는 법정 대리인의 동의를 얻어야 한다.
② 전항의 규정에 위반한 행위는 취소할 수 있다.

참고해요, 실제 사례!

　2020년, 11세인 초등학생이 어머니의 핸드폰으로 한 애플리케이션의 BJ들에게 총 약 1억 3,000만 원을 입금하는 일이 벌어졌어요. 이 학생이 평소에 좋아하던 방송 BJ는 본인에게 가장 많은 돈을 후원하는 사람한테 '회장님'이라고 불러 주었어요. 학생은 그 BJ의 '회장님'이 되고 싶은 이유로 돈을 결제해 버린 거지요. 그리고 당연히 어머니의 핸드폰과 연동돼 있던 계좌에서 돈이 빠져나가 버렸어요. 일이 벌어진 후, 이 학생의 아버지는 돈을 돌려받기 위해 큰 노력을 했어요. 처음에는 모두가 환불이 불가하다고 말했지만, BJ들에게 수십 번 사정을 이야기하고 또 방송통신위원회의 도움을 받아 3개월 후 전액을 환불받았어요. 이 모든 건 다행히도 당사자가 11세 미성년자라서 가능한 과정이었어요. 하지만 돌려받는 과정이 절대 쉽지 않았기 때문에 정말 큰일 날 뻔한 사건이었어요.

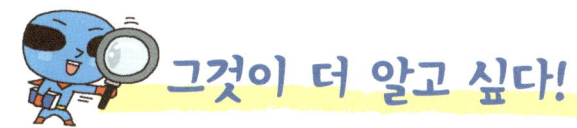

그것이 더 알고 싶다!

Q. 일상 생활 속 미성년자의 계약이 취소되는 경우로는 어떤 것이 더 있나요?

1. 미성년자인 연예인 지망생이 부모의 동의 없이 소속사와 전속 계약을 체결한 경우 취소할 수 있어요.

▶ 102쪽의 정근이 이야기를 참고하세요!

2. 미성년자의 경우 핸드폰 개통을 위한 서비스 가입 신청서에 보호자의 서명을 받지 못한다면 가입이 취소될 수 있어요.

⑮ 어른들이 미안해.

　윤서는 요즘 큰 고민이 있어요. 바로 최근에 친해진 정연이 때문이에요. 정연이는 윤서 반에서 가장 조용한 아이에요. 그래서 친해질 기회를 찾지 못했는데, 마침 짝꿍이 되어 친해지기로 마음먹었어요. 정연이는 뭔가 특이했어요. 한여름인데도 늘 긴팔에 긴바지를 입고 오고, 준비물도 잘 챙겨 오지 않아요. 표정도 항상 어둡고, 힘이 없는지 수업 시간에도 매번 졸고 있어요. 그래서 윤서는 준비물도 두 개씩 가져와 정연이를 챙겨 주고, 집에서 맛있는 걸 가져와 쉬는 시간에 나눠 먹기도 했어요. 이러한 윤서의 노력 덕분에 정연이와 윤서는 친한 친구가 될 수 있었어요.

　그렇게 친해진 어느 날, 정연이는 윤서에게 마음 아픈 비밀을 털어놓았어요. 정연이는 학교 끝나고 집에 가면 아무도 없어서 항상 혼자 있대요. 엄마,

아빠는 밤이 다 되어야 들어오시고요. 그래서 정연이는 늘 저녁도 못 먹는다고 했어요. 그런데 가장 충격적인 건 늦게 들어오시는 엄마 아빠가 아무 이유 없이 자주 정연이를 때린다는 거였어요. 그 말을 하면서 정연이가 보여 준 푸른 멍과 상처에 윤서는 눈물이 났어요. 왜 정연이가 늘 긴팔에 긴바지를 입는지, 표정이 어두운지 전부 알게 되었어요.

윤서는 어떻게든 정연이를 도와주고 싶었지만, 정연이는 아무한테도 말하지 말아 달라고 했어요. 그날 이후로 윤서는 정말 이대로 아무에게도 말을 하지 말아야 할지, 아니면 어른들에게 도움을 청해야 할지 큰 고민에 빠지게 되었어요.

윤서는 어떻게 정연이를 도와줄 수 있을까요?

변호사 선생님, 알려 주세요!

우선 따뜻한 마음씨로 어려운 처지에 있는 친구 정연이에게 무엇이 필요한지 살펴서 챙겨 주려는 윤서를 칭찬해요. 아동에 대한 체벌은 금지되어 있기 때문에 가혹 행위를 한 정연이의 부모는 **아동학대죄**를 저지른 것이 돼요. 아무리 가족 간의 일이라도 아동학대죄 정도에 이른 경우는 공권력❸이 개입해서 아이를 보호해야 해요. 정연이가 원하지 않더라도, 윤서는 이 사실을 선생님이나 본인의 부모님 등 주위 어른들에게 꼭 알려야 해요. 그렇지 않으면 정연이는 계속해서 부모로부터 몸과 마음의 상처를 받을 테니까요.

 기억해요, 한 줄 법 이야기!

가정에서 이루어지는 폭력은 절대 비밀이 되어서는 안 돼요.

자식을 제대로 양육하는 것은 부모의 의무예요. 제대로 양육하지 않는다면 부모로서의 권리도 제한되어야 해요. 또 폭언, 모욕 등 정서적으로 학대하는 것, 아이를 돌보지 않고 내버려 두는 것, 그리고 신체적으로 폭력을 행사하는 것 등은 범죄를 저지른 것이니 반드시 처벌받아야 해요.

법전 펼쳐 보기 ▼

아동학대범죄의 처벌 등에 관한 특례법(아동학대처벌법)
제4조(아동학대살해·치사) 아동학대범죄를 범한 사람이 아동을 사망에 이르게 한 때에는 무기❹ 또는 5년 이상의 징역에 처한다.
제5조(아동학대중상해) 아동학대범죄를 범한 사람이 아동의 생명에 대한 위험을 발생하게 하거나 불구 또는 난치의 질병에 이르게 한 때에는 3년 이상의 징역에 처한다.

❸ **공권력** 국가나 공공 단체가 국민에게 명령하고 강제할 수 있는 권력.
❹ **무기** 언제까지라고 정한 기한이 없음(=무기한).

참고해요, 실제 사례!

2020년, 대한민국 모든 국민을 분노하게 한 사건이 있었어요. 바로 '정인이 사건'이란 이름이 붙은 아동학대 사건이에요.

태어난 지 8개월이었던 정인이는 어느 가정에 입양되었어요. 그곳의 양부모는 저녁마다 정인이를 혼자 방에 둔 채 울다 지쳐 잠들게 했어요. 그리고 정인이를 신체적으로 또 정서적으로 학대했지요. 정인이가 16개월이 되었을 때 학대로 인해 몸에 심한 상처를 입은 채 병원에 입원했어요. 그리고 결국 죽음에 이르고 말았어요. 그 후 주위 여러 사람이 양부모가 정인이에게 행한 심한 학대에 대해 증언했고, 정인이의 양부모는 재판을 받아 감옥에 가게 되었어요.

안타까운 사실은 정인이가 살아 있었을 때 이미 양부모의 학대 의심에 대한 신고가 여러 차례 있었지만, 증거가 충분치 않은 이유로 경찰에서 양부모를 그냥 풀어 주었다는 거예요. 앞으로 이런 슬픈 일이 더 일어나지 않게 하기 위해 국가에서는 아동학대 신고가 있으면 즉시 수사에 나설 수 있게 하는 법을 추가하려고 하고 있어요.

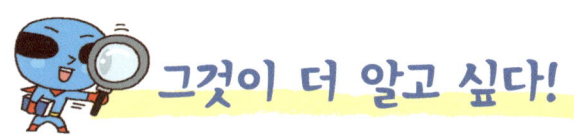
그것이 더 알고 싶다!

Q. 아동학대로 피해를 보는 아이들이 많은가요?

'아동학대 사망 사고 발생 현황 자료'에 따르면, 2014년에서 2018년 5년간 아동학대로 사망한 아동은 132명이나 되었다고 해요.*

너무 많은 아이가 어른의 잔인한 아동학대로 인해 몸과 마음을 다치고, 또 죽어 가고 있어요. 이러한 일이 생기지 않도록 법으로, 그리고 우리의 관심으로 아이들을 지켜 주어야겠지요. 여러분도 주변에 늘 귀를 기울여, 도움이 필요한 친구들이 없는지 살펴보도록 해요!

Q. 가정 내 아동학대의 특징과 원인은 무엇인가요?

신체적 학대 외에도 정서적 학대와 방임 역시 아동학대에 해당해요. 이 중 2018년에서 2020년 사이에 가장 많은 비율을 차지한 건 정서적 학대였어요. 아동에 대한 모욕, 감금과 억압, 그 외 언어적, 심리적, 감정적 학대가 이에 해당하지요. 2019년 아동학대 사례 건수는 30,000건을 넘었어요. 24,000건 정도였던 2018년에 비해 훨씬 더 많은 아이가 아동학대를 당한 거예요.**

정보 출처 *보건복지부, 중앙아동보호전문기관.
　　　　　**KOSIS 국가 통계 포털.

아동학대의 주요 원인

- 부부 갈등 및 부부간 폭력
- 원하지 않은 임신
- 부모의 어린 시절 아동학대 경험
- 알코올 중독
- 집안의 경제적 어려움

2 우리를 지켜 주는 법

16 사랑의 매, 정말 사랑이 맞을까?

　학교에서 3교시 수업이 막 끝났을 때였어요. 아침을 굶고 온 종민이는 그날따라 너무 배가 고팠어요. 점심시간까지 도저히 기다릴 수 없었어요. 그래서 종소리를 듣자마자 복도를 달려 교문 밖으로 나섰어요. 교문 밖 편의점의 제육볶음 도시락이 종민이의 눈앞에 어른거렸어요. 편의점에 들어간 종민이는 제육볶음 도시락을 전자레인지에 돌린 뒤 허겁지겁 먹었어요. 하지만 곧 운동장 너머 들려오는 수업 시작 종소리에 남은 음식을 최대한 입에 넣고 달리기 시작했어요. 교실에 들어갔을 때는 수학 선생님이 계실 거라는 예상과 달리 과학 선생님이 들어와 계셨고, 친구들은 모둠별로 모여 조용히 토의를 하고 있었어요. 수학 선생님의 사정으로 하필이면 '성난 불독'이란 별명을 가진 무서운 과학 선생님이 대신 들어오셨던 거예요.

 선생님: 너, 뭐야?

 종민: 죄송합니다….

 선생님: 왜 이제 들어와? 어디 갔다 온 거야?

 종민: 배가 고파서 편의점에….

편의점에 다녀왔다고 말하는 순간 선생님의 오른손이 종민이의 볼쪽으로 날아오는듯 싶더니 종민이의 눈에 불이 번쩍했어요. 귓가가 불난 듯 뜨거워지고 왼쪽 귀가 먹먹하면서 아무 말도 들리지 않았어요. 그 이후 종민이의 하루는 엉망이었어요. 수업 시간에 무얼 하는지도 귀에 들어오지 않았고 친구들의 위로도 들리지 않았어요. 점심시간에는 입맛이 하나도 없어서 급식을 먹을 수가 없었어요. '선생님은 날 꼭 때리셔야 했을까?', 종민이는 너무나도 슬펐어요.

수업 시간에 늦은 벌로 종민이를 때린 선생님의 행동, 정당하다고 말할 수 있나요?

변호사 선생님, 알려 주세요!

아무리 선생님이라도 학생을 때리는 것은 폭행일 뿐 절대 정당하지 않아요. 과거에는 훈육의 차원에서 체벌이 정당한 것처럼 종종 행해졌지만, 체벌의 교육 효과는 거의 없는 것으로 확인되었어요. 그래서 현재는 세계적으로 체벌을 금지하는 법률이 만들어지는 추세예요. 스웨덴에서 1979년 아동 체벌 금지법이 처음 제정되었고 현재까지 60여 개국에서 아동 체벌이 금지되고 있어요. 선생님이 학생들의 학칙 위반에 대해 폭행과 협박을 수단으로 훈육한다면 감봉 처분을 받을 수 있고, 심할 경우 해임 사유가 될 수도 있어요. 뿐만 아니라 부모의 체벌도 도를 넘는 경우 아동학대죄로 처벌받을 수 있어요.

 기억해요, 한 줄 법 이야기!

아이를 폭행한다면 선생님이라도, 또 부모라도 처벌받을 수 있어요.

법전 펼쳐 보기 ▼

형법 제260조(폭행, 존속 폭행)
사람의 신체에 대하여 폭행을 가한 자는 2년 이하의 징역, 500만 원 이하의 벌금, 구류 또는 과료에 처한다.

형법 제283조(협박, 존속 협박)
사람을 협박한 자는 3년 이하의 징역, 500만 원 이하의 벌금, 구류 또는 과료에 처한다.

참고해요, 실제 사례!

1. 선생님인 A 씨는 학급 전체를 향해 욕설을 하고, 모든 학생이 보는 앞에서 한 학생을 폭행했어요. A 씨는 심지어 한 학생에게 다른 학생을 때리라고 시키기까지 했어요. 이를 알게 된 학부모들은 담임을 교체하지 않으면 자녀들을 등교시키지 않겠다고 민원을 제기했고 결국 학교는 A 씨를 해임했습니다. A 씨는 해임 처분이 지나치다며 관련 위원회에 처분 취소를 요청했지만 위원회는 "이 정도의 사안이라면 해임 징계 처분이 타당하다."고 판단했습니다.

2. 부모가 훈육이라는 변명으로 아이를 협박한 사건이 있었어요. 법원은 "부모가 스스로의 감정을 이기지 못하고 자식에게 야구 방망이로 때리는 시늉을 하며 '죽여 버린다'고 말하여 협박한 것은 그 자체로 피해자의 인격 성장에 장해를 가져올 우려가 크다. 이는 부모의 보호·교양권의 행사라고 보기도 어렵다."며 부모의 행동이 협박죄에 해당한다고 판단했어요.

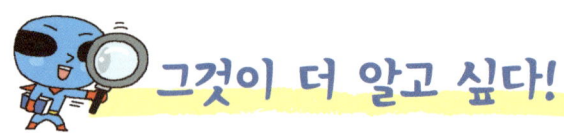

그것이 더 알고 싶다!

Q. 학생이 잘못했을 때 선생님이 '사랑의 매'를 든 경우에도 폭행죄가 될 수 있나요?

사람의 신체에 대해 본인의 동의 없이 물리력을 행사하는 것은 그 어떤 경우에도 정당화될 수 없어요. 폭행이나 협박은 자라나는 아이들에게 교육적 효과를 주기보다는 오히려 인격 형성에 부정적인 영향을 더 크게 미쳐요. 그렇기 때문에 아무리 부모나 선생이라도 '사랑의 매'는 적절한 수단이라고 할 수 없어요. 최근 우리나라에서도 징계권*이 폐지됐어요. 이는 체벌을 훈육이라고 주장하지 못하도록 한 것으로 해석할 수 있어요. 어떤 훈육이라도 폭행과 협박을 수단으로 해서는 안 됩니다.

법은 더 좋은 방향으로 삭제되거나 바뀔 수 있어요!

폐지된 '징계권'이란?

우리나라 민법 제915조(징계권)에서는 친권자가 자녀를 보호하기 위해 필요한 징계를 할 수 있도록 법으로 정하고 있었어요. 아이가 말을 듣지 않을 때 혹은 잘못한 걸 바로잡기 위한 과정에서 일어나는 훈육 과정을 정당화하는 법이었지요. 하지만 2021년 1월, 자녀 처벌 금지를 명확히 해 아동학대에 대한 사회적 인식을 개선하고자 이 법은 삭제되었어요.

Q. **저희 반 말 안 듣는 아이를 훈육하기 위해 꿀밤을 때린 선생님이 해임 위기에 처했어요. 선생님 입장에서는 억울하실 수도 있을 것 같아요.**

이런 경우 행정 소송을 제기할 수 있어요. 아이들에게 벌을 내렸다가 벌금형을 받은 교사가 징계 처분으로 해임되자 이는 지나치다며 행정 소송을 제기한 적이 있어요. 그때 법원이 해임 처분까지는 너무 가혹하다는 것을 인정하여 이를 취소해 주었어요. 그래도 폭행이나 학대에 대한 책임이 면제되지는 않았기 때문에 벌금형은 유지되었어요.

행정 소송은 처분을 내린 행정 관청을 상대로 처분 취소나 변경, 무효를 요구하는 소송이야. 처분을 받아들일 수 없을 때 제기하지.

17 자신의 정체를 밝히지 않는 사람, 믿을 수 있을까?

    하리는 집에 혼자 있는 시간이 많아요. 엄마, 아빠 모두 일 때문에 바쁘시거든요. 하리의 부모님은 혹시 모를 일에 대비해 올해 처음으로 하리에게 핸드폰을 사 주셨어요. 핸드폰으로 이것저것하면서 시간을 보내는 게 하리의 일상이 됐어요.

    두 달 전부터 하리는 핸드폰 속 채팅 앱에서 또래 친구들과 익명으로 채팅하는 것에 몰두하기 시작했어요. 하리가 속해 있는 채팅방은 '**년생 친구들 다 모여라~'라는 방이에요. 이 채팅방에서 하리는 많은 친구를 사귀었어요. 친구들은 심심한 하리에게 재미있는 이야기도 해 주고, 외로운 하리를 위로해 주고 또 공감해 주어서 너무 좋았어요. 정말 친해진 두세 명이랑은 실제 연락처를 주고받고 1:1 채팅을 시작했어요.

그런데 요즘, 새로 1:1 채팅을 시작한 친구 중 한 명이 하리의 기분을 상하게 해요. 처음에는 더 친해지기 위해 서로 얼굴을 공유하자고 해서 사진을 주고받았어요. 각자 어느 학교에 다니는지도 공유했고요. 하지만 이 친구는 점점 이상한 것을 요구하기 시작했어요.

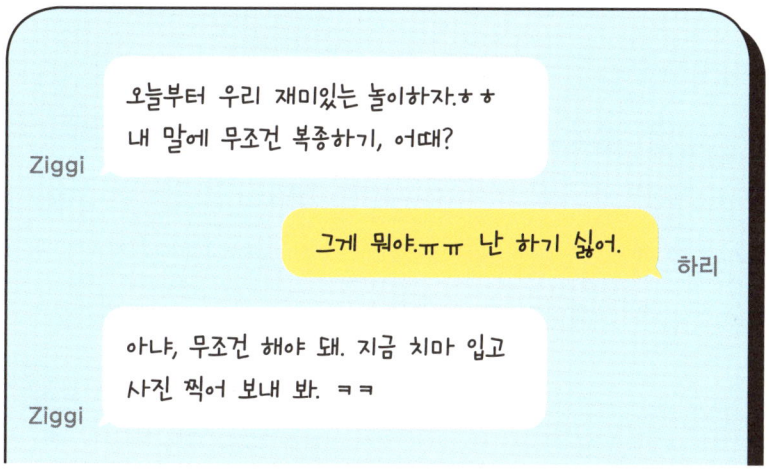

속상해진 하리는 이 친구와 더는 채팅하고 싶지 않아졌어요. 하지만 하리가 며칠간 메시지에 답장하지 않자, 둘이 나눴던 이야기와 사진을 모두 하리네 학교 SNS에 공개한다며 협박했어요. 그리고 자신이 하리에게 줬던 사진은 진짜 자기 얼굴이 아니며, 하리에게 말한 모든 정보도 다 거짓이니 하리는 절대 자신을 찾을 수 없을 거라고 말했어요. 하리는 대체 왜 이런 일이 본인에게 일어나는지, 너무 무섭고 두려웠어요.

하리를 협박하며 자꾸 이상한 요구를 하는 채팅방 친구, 하리는 어떻게 해야 할까요?

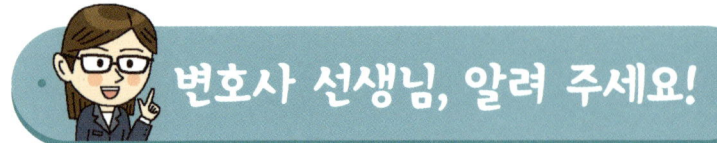
변호사 선생님, 알려 주세요!

　누군가 협박을 통해 하리가 하고 싶지 않은 일을 억지로 시킨다면 **강요죄**를 저지르는 거예요. 특히 인터넷 채팅방에서 하리의 개인 정보를 수집하거나 정보를 제공하도록 유인하는 행위는 그 자체만으로 범죄 행위예요. 게다가 실제로 하리의 사진이나 정보를 허락 없이 공개한다면 그건 **초상권 침해**가 돼요. 또, **명예훼손죄**로 처벌받을 수도 있어요. 따라서 하리는 이 친구의 잘못된 요구에 대해 반드시 경찰에 신고해야 해요. 그 전에 부모님이나 학교 선생님께 제일 먼저 의논하고 도움을 청해야 하고요.

 기억해요, 한 줄 법 이야기!

자신에 대한 정보를 제공하지 않는 사람과 만나는 건 위험해요.

물론 익명으로 기부 등의 좋은 일을 하는 사람들도 있어요. 하지만 나쁜 행동을 하는 사람도 많지요. 많은 것이 온라인에서 이루어지는 지금, 개인 정보는 그 무엇보다 신중하게 다루어져야 해요. 또한 개인 정보에 대한 자기 결정권은 반드시 보호되어야 한답니다.

법전 펼쳐 보기 ▼

정보 통신망 이용 촉진 및 정보 보호 등에 관한 법률 제49조(비밀 등의 보호)
누구든지 정보 통신망에 의하여 처리, 보관 또는 전송되는 타인의 정보를 훼손하거나 타인의 비밀을 침해·도용 또는 누설하여서는 아니 된다.

제49조의 2(속이는 행위에 의한 개인 정보의 수집 금지 등)
① 누구든지 정보 통신망을 통하여 속이는 행위로 다른 사람의 정보를 수집하거나 다른 사람이 정보를 제공하도록 유인하여서는 아니 된다.

참고해요, 실제 사례!

1. 초등학생인 A 양은 모바일 채팅 앱을 이용하다가 두 명의 남자를 만났어요. 두 명 모두 A 양에게 "재미있는 놀이를 하자."고 제안했어요. "오늘은 내가 노예를 할 테니, 내일은 네가 노예를 해!"라는 식의 말도 안 되는 놀이였지요. 이런 식으로 남자들은 놀이를 가장하여 A 양에게 사진과 영상을 요구했어요. 그러다 A 양의 어머니가 우연히 메시지를 보게 되었고, 바로 신고하여 두 남자는 경찰에 붙잡혔어요.

2. 초등학생 B 양은 3차원 가상 세계에서 아바타로 노는 프로그램인 제페토에서 메시지를 하나 받았어요. 메시지는 "여자 친구 소개받고 싶었는데, 너 진짜 이렇게 생겼어?"라는 내용이었어요. 그 사람은 자신을 대학생이라고 소개했어요. 그러면서 B 양에게 "오빠 한번 만나 볼래?"라고 하기도 했어요. B 양은 제페토 속에 자기 출생 연도를 밝혔고, 교실에서 친구들과 이야기하는 모습도 올려놓았기 때문에 B 양이 미성년자인 건 누구나 알 수 있는 사실이었어요. 그런데도 그 사람은 B 양에게 "사진을 찍고 싶어.", "연락처를 줄 수 있어?" 등의 내용으로 계속하여 연락했어요. 익명으로 가상 세계에서 노는 콘텐츠인 만큼, 미성년자를 노리는 범죄가 실제로 많이 시도되고 있는 거예요.

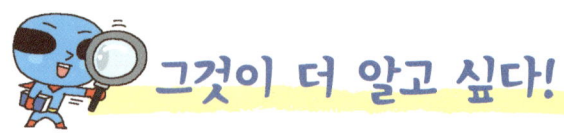
그것이 더 알고 싶다!

Q. 개인 정보는 무엇이며, 왜 중요한가요?

'개인 정보'는 살아 있는 개인에 관한 정보예요. 이름, 주민 등록 번호, 영상 등 개인을 알아볼 수 있게 하는 정보를 말해요. 요즘은 온라인에서 익명의 누군가와 대화를 주고받는 등 사람을 직접 만나지 않은 상태에서 많은 일이 이루어져요. 그래서 내가 대하고 있는 상대방이 누구인지 확인하는 게 매우 중요한 문제예요.

믿을 만한 실제 친구와 온라인으로 채팅할 때나, 이미 잘 알려진 기업에서 온라인 상품을 판매할 때 개인 정보를 제공하는 건 큰 문제가 안 돼요. 하지만 그렇지 않은 경우라면 나의 개인 정보를 제공할 때 매우 신중해야 해요.

Q. 온라인 그루밍이 뭔가요?

온라인 그루밍이란, 채팅 앱과 같은 온라인 매체를 통해 신뢰 관계를 형성한 후 약점을 잡아서 돈벌이 등의 목적으로 이용하는 범죄를 말해요. 하리가 채팅 앱에서 만난 친구에게 당한 일과 아주 유사하지요. 온라인 그루밍의 피해자는 주로 경제적이나 정서적으로 취약한 위치에 있는 아동·청소년이에요. 그리고 최근 피해 사례가 점점 늘어나면서 심각한 범죄로 여겨지고 있어요.

온라인 그루밍의 피해자가 되지 않기 위해서는 일단 온라인 상에서 누군가가 본인에게 요구하는 내용이 이상하거나 내키지 않는다면 절대로 응하지 말아야 해요. 그리고 협박을 당한다고 느낀다면 반드시 주변 어른에게 알리세요.

Q. 온라인에서 이상한 사람을 만났어요. 어떻게 해야 하나요?

반드시 부모님이나 선생님 등 주변 어른에게 알려서 경찰에 신고해야 해요. 이상한 사람이라는 느낌이 드는 내용이 있다면 그 장면은 반드시 캡처해 저장해야 하고요.

18 김밥 먹고 탈이 나면 누가 책임질까?

　기훈이는 오늘 너무 아파서 학교에 가지 못했어요. 어제 먹은 김밥이 문제였어요. 기훈이는 어제 아빠와 오랜만에 외식했어요. 기훈이가 태권도 대회에서 우승한 기념이었어요. 아빠는 가장 먹고 싶은 음식이 뭐냐고 물으셨고, 기훈이는 망설임 없이 떡볶이와 김밥을 외쳤어요. 평소에 기훈이가 제일 좋아하는 음식이거든요. 그렇게 아빠와 분식집을 가서 맛있게 먹고 나왔는데, 집으로 돌아가는 길에 문제가 발생했어요. 돌아올 때부터 배가 살살 아프기 시작하더니, 밤새 너무 아파 잠도 자지 못했어요. 같이 저녁을 먹은 아빠도 마찬가지셨어요. 그래서 오늘 아침, 아빠와 함께 병원에 갔어요.

병원에서 집에 돌아오니, 더 큰일이 벌어지고 있었어요. 엄마가 동네 주민 분들과 이야기하셨는데, 최근 그 분식집에서 김밥을 먹은 사람들 모두 식중독에 걸렸다는 거예요. 그 수만 50명이 넘어갔어요. 동네 주민들은 그 분식집을 식품위생법 위반으로 고발하기로 했대요. 기훈이는 엄마의 말씀을 잘 알아듣지 못했어요. 식품위생법은 무엇이고, 고발을 당하면 그 분식집은 어떻게 되는 걸까요?

식품위생법이 무엇인지, 그리고 위반 시 어떤 처벌을 받는지 자세히 알고 싶어요!

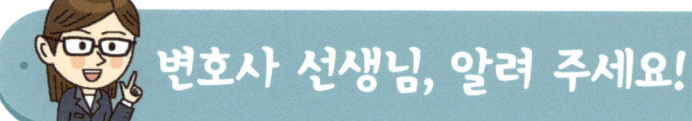

식품위생법이란 식품으로 인해 생기는 위생상의 위험을 방지하고 식품 영양의 질적 향상을 위한 대책과 방법을 세우는 법이에요. 식품에 관한 올바른 정보를 통해 국민 보건의 증진에 도움이 되는 것을 목적으로 해요. 기훈이뿐만 아니라 그 분식점에서 식사한 대부분의 사람이 복통을 겪었다면 분명 식품에 문제가 있었던 것이겠죠. 식당에서 음식을 제대로 관리하지 않아 사 먹는 사람을 위험에 빠뜨리는 건 매우 심각한 범죄 행위예요. 상해서 건강을 해칠 우려가 있는 식자재나, 병을 일으키는 무언가에 오염된 식자재 혹은 유통 기간이 지난 식자재를 조리해서 판매한 행위는 식품위생법을 위반한 거예요. 이 경우 최대 징역 10년의 벌을 받을 수 있는 중대 범죄로 취급하고 있어요.

이렇게 식당에서 식품위생법을 위반한 경우 영업 정지를 당하거나 아예 식당 운영을 못 하게 될 수도 있어요.

 기억해요, 한 줄 법 이야기!

식당이 법을 잘 지키는 건 손님들에게 신뢰를 주고 안정적으로 성공할 수 있는 방법이에요.

우리가 사 먹는 음식을 믿을 수 없다면 정말 불편할 거예요. 그래서 정부에서는 식당의 위생 상태를 관리하는 등의 일을 맡음으로써 식당이 사람들에게 신뢰를 줄 수 있도록 하고 있어요. 이렇게 현대 사회에서는 정부가 할 수 있고, 또 반드시 해야 할 일들이 점점 늘어나고 있어요.

법전 펼쳐보기 ▼

식품위생법 제1조(목적)
이 법은 식품으로 인해 생기는 위생상의 위험과 해악을 방지하고 식품 영양의 질적 향상을 도모하며 식품에 관한 올바른 정보를 제공해 국민 보건의 증진에 이바지함을 목적으로 한다.

제3조(식품 등의 취급)
① 누구든지 판매(판매 외의 불특정 다수인에 대한 제공을 포함한다, 이하 같다)를 목적으로 식품 또는 식품첨가물을 채취·제조·가공·사용·조리·저장·소분·운반 또는 진열을 할 때에는 깨끗하고 위생적으로 하여야 한다.

제4조(위해 식품 등의 판매 금지)
누구든지 다음 각 호의 하나에 해당하는 식품 등을 판매하거나 판매할 목적으로 채취·제조·수입·가공·사용·조리·저장·소분·운반 또는 진열하여서는 아니 된다.
1. 썩거나 상하거나 설익어서 인체의 건강을 해칠 우려가 있는 것
2. 유독·유해물질이 들어 있거나 묻어 있는 것 또는 그러할 염려가 있는 것. 다만, 식품의약품안전처장이 인체의 건강을 해칠 우려가 없다고 인정하는 것은 제외한다.
3. 병을 일으키는 미생물에 오염되었거나 그러할 염려가 있어 인체의 건강을 해칠 우려가 있는 것
(후략)

제71조(시정명령)
① 식품의약품안전처장, 시·도지사 또는 시장·군수·구청장은 제3조에 따른 식품 등의 위생적 취급에 관한 기준에 맞지 아니하게 영업하는 자와 이 법을 지키지 아니하는 자에게는 필요한 시정을 명하여야 한다.

참고해요, 실제 사례!

1. 2021년 여름, 수도권 지역 위주로 '김밥집 집단 식중독 사태'가 일어났어요. 김밥 체인점에서 김밥을 먹고 식중독에 걸린 사람들이 줄줄이 늘어났고, 그 피해자는 400명이 넘었어요. 그중 경기도 성남시의 한 김밥 전문점 피해자들은 그곳의 본사와 2개 지점을 상대로 약 4억 원의 손해 배상 청구 소송을 접수했어요. 정부에서는 이 사태로 약 5,000여 곳의 분식점 위생 상태를 점검했고, 51곳이 식품위생법을 위반한 것으로 드러났답니다.

2. 2016년, 햄버거 프랜차이즈의 햄버거 세트를 먹은 어린이가 식중독으로 인한 병에 걸려 병원에서 치료까지 받은 사건이 있었어요. 이른바 '햄버거병' 사건이라고 불려요. 이에 아이의 부모는 2017년 7월 이 회사를 식품위생법 위반 등으로 고소했어요. 이 사건이 온라인상에서 널리 퍼지자, 사람들은 이 햄버거에 대한 불매 운동을 시작했어요. 하지만 검찰 수사 결과, 햄버거와 아이가 걸린 질병 간 인과 관계를 인정하기 어렵다는 결론이 내려졌어요. 이후 2019년 1월, 시민 단체가 해당 회사와 식료품 납품 업체를 다시 식품위생법 위반으로 고발하면서 재수사가 이루어졌어요. 그러나 재수사 후에도 여전히 햄버거와 질병 간의 인과 관계는 없다는 결론이 났어요.

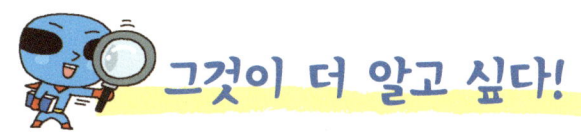
그것이 더 알고 싶다!

Q. 며칠 전 식당에서 밥을 먹고 배탈이 나 병원에 입원했어요. 이 경우 어떻게 보상받나요?

수사 결과 만일 식당 주인이 식품위생법을 위반한 사실이 확인된다면 그 식당은 영업 정지 처분을 받을 거예요. 그리고 그 주인은 형사 처벌을 받게 되겠지요. 그리고 상한 음식을 먹고 병원에 가거나 일을 하지 못해 손해를 본 피해자에게 별도로 손해를 배상하는 책임도 져야 해요. 만일 피해자가 미리 보험에 들어 두었다면 보험 회사로부터 보험금을 지급받을 거예요. 그 후 보험 회사는 식당 주인으로부터 배상금을 돌려받게 될 거고요.

19 법이 사라질 수도 있다고?

　3달 전 일이에요. 학원이 끝난 뒤, 단짝인 정우와 이연이는 둘이서 좀 더 놀고 싶었어요. 하지만 저녁을 먹으러 각자 집에 가야 했기에 너무 아쉬웠어요.
　둘은 10시에 게임을 하기로 약속을 하고 컴퓨터 앞에 앉아서 게임에 접속했어요. 둘이 한 팀이 되어 인터넷에서 만난 친구들과 전쟁을 치르고 있었어요. 어떤 게임이든 잘하는 정우 덕분에 이연이와 정우 팀은 거의 승리를 향해 가고 있었어요. 그런데! 상대방에게 필살기를 날리려는 그 순간, 갑자기 게임이 꺼져 버렸어요.

정우: 야! 이게 뭐야!? 나 로그아웃 됐어!

이연: 하… 셧다운제를 깜빡했어. 우리 셧다운제 때문에 자동 로그아웃 된 거야.ㅠㅠ

할 일을 다 하고도 게임을 하지 못한다는 억울함, 그리고 자유가 침해당하고 있다는 불편함을 느낀 이연이와 정우는 국민 청원 사이트에 글을 올려 이 억울함을 호소해 보기로 했어요.

그런데 오늘, 이연이는 게임 유튜버의 영상을 보다가 우연히 '셧다운제 폐지'에 관한 안내 영상을 보게 되었어요. 이연이와 정우의 바람이 통한 걸까요? 법이 폐지될 수 있다니, 이연이는 그저 신기하기만 했어요. 법은 영원한 게 아니라, 이렇게 폐지될 수도 있는 건지 궁금해졌어요.

와! 영원할 것 같던 셧다운제가 폐지되다니, 도대체 무슨 일이 일어난 건가요?

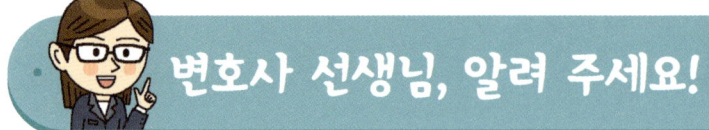
변호사 선생님, 알려 주세요!

　사회가 복잡해지면서 새로운 법들이 생겨나듯, 사회 구조의 변화, 또 사회 구성원들의 생각 변화에 따라 어떤 법은 필요해지고 또 어떤 법은 쓸모가 없어지기도 해요. 2022년 1월에 폐지된 셧다운제는 **밤 12시부터 아침 6시까지 만 16세 미만의 청소년들에게 인터넷 게임 제공을 금지하도록 하는 제도**였어요. 청소년보호법에 규정되어 있었지요. 2011년 여성가족부의 주도로 청소년의 적절한 수면 시간 확보와 게임 중독 방지를 위해 만들어졌어요. 목적은 그렇지만 이 제도가 뭔가 불편하고 만들어진 이유가 이해되지 않는 청소년들이 많았어요. 한창 자라나는 청소년들이 게임에 몰입하여 잠을 자지 않는 것이 건강을 해치고 제대로 학습할 기회도 놓칠 수 있다는 관점에서 본다면 셧다운제의 목적은 정당하다고 할 수도 있어요. 하지만 과연 셧다운제가 청소년들의 건강한 성장과 발달을 위하는 일인지, 자유를 제한한다는 점에서 이익보다 손해가 더 많은 건 아닌지 등 논란의 여지도 있어요. 실제로 외국에서 셧다운제를 도입했던 사례를 보면 여러 가지 원인으로 실패한 경우가 많았거든요. 셧다운제를 옹호하는 입장과 반대하는 입장 모두 나름의 근거가 있답니다. 하지만 결국 셧다운제를 반대하는 목소리가 더욱 커져, 폐지가 결정되었고 국회에서 셧다운제 조항이 삭제된 개정법안이 통과되었습니다.

셧다운제 폐지를 위해 사람들은 법적으로 어떠한 권리 행사를 해 왔나요?
　민주주의 국가에서는 헌법상 개인의 자유가 보장돼요. 하지만 헌법은 모든 국민의 자유와 권리를 보장하면서도 어떤 경우에는 제한할 수 있다는 규정을 두고 있어요. 그 경우는 국가안전보장, 질서유지, 공공복리를 위한 경우이고 이때도 법률로써만 제한할 수 있어요. 청소년들의 건강을 위한 것은 국가적 차원에서 공공복리라고 할 수 있어요. 이 공공복리를 이유로 청소년들이 자유롭게 게임할 수 있는 권리를 제한한 것이 셧다운제였어요. 그런데 이렇게 만들어진 법의 내용이 개인의 자유를 부당하게 침해한다고 여겨지는 경우, 그 법을 폐지하거나 수정하는 시도를 할 수 있어요. 법적으로 가능한 시도로는 두 가지 방법이 있어요. **헌법 소원**, 그리고 **청원권**을 행사하는 것이지요. 실제로 셧다운제에 대해서는 헌법 소원이 있었고 청원도 여러 번 있었답니다.

기억해요, 한 줄 법 이야기!

특정 법에 대한 변화가 필요하다고 느껴질 때, 헌법 소원이나 국민 청원 등을 통해 법이 개정될 수도, 사라질 수도 있어요!

법전 펼쳐 보기 ▼

헌법 제37조
② 국민의 모든 자유와 권리는 국가안전보장·질서유지 또는 공공복리를 위하여 필요한 경우에 한하여 법률로써 제한할 수 있으며, 제한하는 경우에도 자유와 권리의 본질적인 내용을 침해할 수 없다.

셧다운제를 폐지하기 위해 개정 청소년 보호법에서 삭제된 조항 ▼

청소년보호법 제26조(심야 시간대의 인터넷 게임 제공 시간 제한)
① 인터넷 게임의 제공자는 16세 미만의 청소년에게 오전 0시부터 오전 6시까지 인터넷 게임을 제공하여서는 아니 된다.
② 여성가족부 장관은 문화체육관광부장관과 협의하여 제1항에 따른 심야 시간대 인터넷 게임의 제공 시간, 제한 대상, 게임물의 범위가 적절한지를 대통령령으로 정하는 바에 따라 2년마다 평가하여 개선 등의 조치를 하여야 한다.

참고해요, 실제 사례!

1. 헌법 소원의 기각

법 중에서 가장 효력이 강한 법은 헌법이에요. 그래서 법률의 내용이 헌법에 위반되면 무효가 되는데, 이때 법률이 헌법에 어긋났는지의 여부를 판단하는 곳이 헌법재판소입니다. 셧다운제는 청소년들의 행복추구권과 평등권을 침해한다는 이유로 헌법 소원이 제기된 적이 있었어요. 하지만 이때만 해도 헌법재판소에서는 "청소년의 건강 보호 및 인터넷 게임 중독의 예방이라는 공공복리 목적에 부합하여 헌법에 어긋나지 않는다."라고 판단했어요.

헌법 소원은 법률이나 국가 권력에 의해 기본권을 침해당한 국민이 법률이나 처분을 무효로 해 달라고 헌법재판소에 요청하는 것을 말해요!

2. 4대 중독법 논란

강제적 셧다운제가 도입된 이후에 음주, 마약, 도박과 게임까지, 일명 '4대 중독'을 예방하기 위한 특별법을 만들려는 시도가 있었어요. 셧다운제에 이어 4대 중독법에 대한 이야기까지 나오자 게임 업체는 물론이고 문화계에서도 거세게 반발했어요. 문화계에서는 평소 콘텐츠에 대한 법의 지나친 개입에 불만이 많았거든요. 게임을 마약이나 도박과 같이 취급하는 건 부당하다고 주장했지요. 결국 4대 중독법은 만들어지지 않았어요.

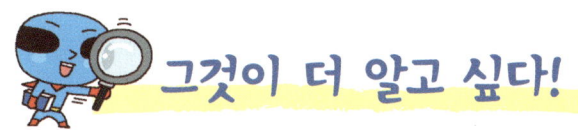
그것이 더 알고 싶다!

Q. 10년 동안 유지되었던 셧다운제가 폐지된 사회적 배경은 무엇일까요?

청소년들이 사랑하는 게임 '마인크래프트'가 한국의 셧다운제 때문에 19세 미만에게 아예 제공하지 않기로 한 결정이 계기가 되었어요. 미국 마이크로소프트사는 마인크래프트 새 버전을 출시하면서 "한국의 셧다운제 법규를 지키자고 16세 미만 청소년에게 심야 시간 이용 제한을 거는 서버를 별도로 구축할 수는 없다. 차라리 19세 미만 이용 불가 게임으로 변경하겠다."라고 주장했어요. 이런 사례가 계속된다면 우리나라의 게임 시장은 점점 고립될 우려가 있었지요. 게임에 과몰입하게 되는 원인은 여러 가지가 있을 텐데 단순히 심야 시간대에 제공하지 않는 것이 최선일지, 침해되는 이익이 더 크지 않은지 등에 대해 다시 곰곰이 따져 볼 필요가 생겼던 거예요. 마인크래프트 사건 이후 셧다운제 폐지를 위한 청소년보호법 개정안이 발의되었고, 2022년 1월 셧다운제는 폐지되었어요.

20 지구 온난화, 우리가 할 수 있는 일이 있다면!

오늘은 지수가 오랜만에 분리수거하는 날이에요. 지수네 가족은 매주 당번을 정해서 집안일을 하거든요. 웬일인지 오빠인 지호도 지수를 돕겠다고 따라나섰어요. 그런데 오랜만에 분리수거장을 간 지수는 너무 놀랐어요. 플라스틱 통에는 비닐이, 비닐 통에는 종이가, 종이 통에는 유리가 있는 등 재활용 쓰레기가 제대로 분리되지 않은 채 쌓여 있었어요. 게다가 일반 쓰레기를 버리는 곳에는 종량제 봉투가 아닌 검은 비닐봉지들이 놓여 있었어요. 지수는 지난주 분리수거 당번이었던 오빠 지호에게 물었어요.

 지수: 오빠, 이게 무슨 일이야? 지난주에도 이랬어?

 지호: 응, 요새 계속 이래. 아무래도 새로 이사 온 집에서 제대로 분리수거를 하지 않는 것 같아. 그전까지는 이런 적 없었잖아?

 지수: 그러면 그 사람들에게 따끔하게 말해야 하는 거 아니야?

　마침 그때, 새로 이사 온 아저씨가 분리수거장에 들어오셨어요. 아저씨는 쓰레기를 종량제 봉투가 아닌 검은 비닐봉지에 담아 와 그대로 일반 쓰레기 수거함에 넣으셨어요. 그리고 역시나 제대로 분리수거를 하지 않고 재활용 쓰레기도 아무 데나 넣은 후 휙 가 버리셨어요. 지수는 어이없었지만 아저씨를 향해 다가가 최대한 공손하게 말했어요.

　"아저씨, 분리수거 제대로 하셔야죠!"

　하지만 아저씨는 들은 체 만 체하며 분리수거장을 빠져나가셨어요.

이웃 아저씨가 분리수거를 제대로 하셨으면 좋겠어요.
어떤 말로 설득하면 좋을까요?

 **변호사 선생님, 알려 주세요!**

"나비 효과는 기후에만 있는 게 아니에요."

저런! 분리수거도 제대로 하지 않고 종량제 봉투도 사용하지 않다니, 게다가 지수가 권고하는 말도 들은 체 만 체하신 걸 보면 새로 이사 온 아저씨는 분리수거와 종량제 봉투가 왜 필요한지 잘 모르시는 것 같아요. 아니면 '나 하나쯤이야'라고 생각하신 걸까요?

여러분, 혹시 **나비 효과**라고 들어본 적 있나요? 나비 효과는 나비의 날갯짓 한 번이 지구 반대편에서 태풍을 일으킬 수 있다는 과학 이론이에요. 원래 기후 변화를 설명하기 위한 것이었지만 요즘은 사회 현상을 설명할 때도 종종 쓰이고 있어요. 우리들 각 개인의 행동은 생각보다 이 세상에 큰 영향을 미칠 수 있어요. 이웃 아저씨가 '내가 안 한다고 해서 뭐가 어떻게 되겠어?'라는 생각으로 한 작은 행동이 지구를 크게 다치게 할 수 있는 거예요. 마찬가지로 우리가 하는 작은 실천이 지구를 살릴 수도 있고요.

지구는 지금 **지구 온난화**라는 기후 변화 위기를 겪고 있어요. 기후 변화는 세계 각지에 유례없는 대홍수와 가뭄을 일으키거나 사막화를 진행하고, 극지방의 빙하를 녹여서 해수면을 상승시켜요. 해수면이 상승하면 인구가 많이 거주하는 해안 지대부터 물에 잠겨 수억 명의 난민이 발생할 수도 있어요. 이처럼 기후 변화 위기는 우리가 사는 지구촌 곳곳의 대재앙으로 연결되고 있고, 인간의 생명을 위협하는 지경에 이르렀어요. 게다가 이건 어느 한 나라만의 문제가 아니어서, 전 지구적인 관점에서 대책을 세우고 관심을 가져야 해요.

"전지구적 문제를 해결하기 위한 법, 국제법[5]"

지구 온난화의 주요 원인은 대기 중에 필요 이상으로 발생한 온실가스로 알려져 있어요. 적정한 양의 온실가스는 지구 생명체가 따뜻하게 살 수 있게 해 주지만 지나치면 점점 지구의 온도를 올려서 이상 기후 현상을 일으켜요. 온실가스로는 석탄 등 화석 연료를 사용함으로써 발생하는 이산화 탄소와 각종 폐기물과 음식물 쓰레기, 가축 배설물 등이 뿜어내는 메탄가스 등이 있어요. 이러한 탄소 배출을 줄이기 위해 전 지구적 및 국가적 차원에서의 노력이 이루어지고 있어요. **유엔 기후 변화 협약**도 그중 하나예요. 유엔 기후 변화 협약은 온실가스 배출을 제한하여 지구 온난화를 방지하기 위해 세계 각국이 동의한 국제 협약이에요. 가입국이 되면 협약에서 제시하는 기준에 따라 온실가스 배출 노력을 해야 하고 관련된 정보를 공개해야 해요. 우리나라는 1993년 47번째로 가입했고 현재 가입국은 200국에 이르고 있어요.

우리나라에서 국가적으로 제도를 시행해 재활용품 분리수거를 하고 종량제 봉투를 사용한 지도 벌써 20년이 넘었어요. 그리고 이제는 하나의 문화로 자리 잡았지요. 분리수거와 종량제 봉투 사용 문화는 다른 나라 사람들도 우리나라에 와서 감탄하고 부러워하는 것 중 하나예요. 쓰레기를 분리수거하는 이유는 당연히 재활용을 위해서지요. 종량제 봉투를 이용하도록 하는 건 개인에게 쓰레기 처리 비용을 부담하도록 함으로써 각자 쓰레기를 줄이도록 유도하는 것이고요.

[5] **국제법** 국가 간의 협의에 따라 국가 간의 권리·의무에 대하여 규정한 국제 사회의 법. 유엔 기후 변화 협약이 바로 국제법의 한 예이다.

지수네 이웃 아저씨는 기후 위기의 심각성을 깨달아야 하고, 나비 효과를 생각하며 스스로 환경 보호를 실천해야 해요. 그리고 쓰레기 처리를 제대로 하지 않았을 때 본인이 처벌받을 수 있다는 것도 알아야 하죠. 재활용품에 쓰레기를 섞어서 버린 게 적발될 경우 **폐기물관리법**에 따라 과태료 30만 원을 내야 하거든요. 분리수거를 제대로 하고, 종량제 봉투를 이용하는 것은 바로 개인이 지구를 위해 할 수 있는 작지만 큰 실천이에요.

 기억해요, 한 줄 법 이야기!

지구는 우리 스스로 지켜야 해요!

법전 펼쳐 보기 ▼

폐기물관리법 제1조(목적)
이 법은 폐기물의 발생을 최대한 억제하고 발생한 폐기물을 친환경적으로 처리함으로써 환경보전과 국민생활의 질적 향상에 이바지하는 것을 목적으로 한다.

제8조(폐기물의 투기 금지 등)
① 누구든지 특별자치시장, 특별자치도지사, 시장·군수·구청장이나 공원·도로 등 시설의 관리자가 폐기물의 수집을 위하여 마련한 장소나 설비 외의 장소에 폐기물을 버리거나 특별자치시, 특별자치도, 시·군·구의 조례로 정하는 방법 또는 공원·도로 등 시설의 관리자가 지정한 방법을 따르지 아니하고 생활폐기물을 버려서는 아니 된다.

제68조(과태료)
③ 다음 각 호의 어느 하나에 해당하는 자는 100만 원 이하의 과태료를 부과한다.
  1. 제8조 제1항 또는 제2항을 위반하여 생활폐기물을 버리거나 소각, 매립한 자
(후략)

참고해요, 실제 사례!

2021년, 부산에서 무단으로 길가에 쓰레기를 버려 온 식당 주인이 붙잡힌 사건이 있었어요. 이 식당 주인은 무려 1년 동안이나 길가에 쓰레기를 버려 왔어요. 구청에서는 쓰레기를 버리는 사람을 찾으려고 애썼지만, 오토바이를 타고 장소를 바꿔 가며 버리다 보니 범인을 찾기가 쉽지 않았어요. 하지만 구청 직원들이 끈질기게 추적한 끝에 잡을 수 있었지요. 음식물 쓰레기가 담긴 비닐봉지를 도로에 버려 온 식당 주인은 결국 쓰레기를 무단 투기한 혐의로 과태료 50만 원을 지불했어요.

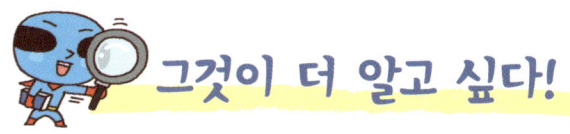

그것이 더 알고 싶다!

Q. '탄소 중립'이란 무엇인가요?

과다한 이산화 탄소의 배출이 온실가스의 주된 요인이라고 했죠? '탄소 제로'라고도 불리는 '탄소 중립'이란, 이산화 탄소를 배출한 만큼 이산화 탄소를 다시 흡수하는 대책을 세워 결국 이산화 탄소의 실제 배출량을 '0'으로 만든다는 뜻이에요.

121개 국가가 기후 협약 중 하나인 2016년 파리 협정에 따라 '2050 탄소 중립 목표 기후 동맹'에 가입했어요. 그 후부터 탄소 중립이 각국의 논제로 떠올랐지요. 가입국들은 모두 2050년까지 탄소 배출량과 흡수량을 같아지게 해서 순 배출량을 '0'으로 만들기 위한 대책을 세우고 있어요. 현재 우리나라는 '기후 위기 대응을 위한 탄소 중립·녹색 성장 기본법', '탄소 흡수원 유지 및 증진에 관한 법률', '2050 탄소 중립 위원회의 설치 및 운영에 관한 규정' 등을 만들어 온실가스 감축 활동에 주력하고 있어요.

Q. 탄소 제로는 어떻게 실행하며 개인이 실천할 수 있는 방법으로는 어떤 것이 있을까요?*

탄소를 흡수하는 방법으로는 산림을 가꾸는 것을 제일 먼저 생각할 수 있어요. '탄소 흡수원 유지 및 증진에 관한 법률'은 탄소 흡수원인 산림을 체계적으로 조성하고 가꾸어 탄소 흡수 기능을 유지하고 증진하기 위한 방법을 실행하기 위한 법이에요. 또 다른 탄소 흡수를 위한 방법에는 배출된 이산화탄소를 기술적으로 모아서 다른 에너지로 재활용하는 게 있어요. 이런 것은 국가와 기업 차원에서 이루어지는 것이지요. 그런데 탄소 제로 실행을 이렇게 정부와 기업에 맡겨 두는 것만으로는 의미 있는 변화를 기대하기 어려워요. 개인이 환경 보호의 중요성을 인식하고 그에 따라 자발적으로 환경 보호를 실천할 때 탄소 제로의 희망이 생겨요. 개인이 지구를 지키기 위해 실천할 수 있는 방법은 많아요. 일회용품 사용 줄이기, 대중교통 이용하기, 올바르게 분리수거 하기, 전기 등 에너지 아껴 쓰기, 저탄소 제품 인증 마크 또는 탄소 발자국 있는 제품 구매하기 등은 우리가 모두 생활 속에서 실천할 수 있는 일이랍니다.

저와 함께 환경 보호 실천해요!

참고 자료 *탄소 중립 생활 실천 안내서, 2021. 8. 5. 환경부 발간.

도움이 필요할 때 참고하세요!

가장 좋은 건 아무 일도 없이 평온한 일상을 보내는 것이지만, 살다 보면 예상치 못한 어려움을 마주하는 순간이 생길 수도 있어요. 그럴 땐 혼자서 해결할 수 없는 일로 끙끙 앓지 말고, 반드시 주변에 도움을 청해야 해요. 부모님이나 선생님께 먼저 도움을 구해야 하지만, 그럴 수 없는 상황이라도 여러분을 도와주는 국가 기관이 있어요.

도움이 필요한 상황이라면, 아래를 참고하여 도움을 받아 보세요.

내가, 혹은 친구가 학교 폭력에 시달리고 있어요.
📞 학교폭력 예방교육 및 전화, 문자 상담 **1 1 7**

내가, 혹은 친구가 아동학대를 당하고 있어요.
📞 아동학대 신고 전화 **1 1 2**
📞 아동학대 전화 및 문자 상담 **1 8 2**

동물이 학대당하는 모습을 봤어요.
📞 동물 학대 신고 **1 1 2**